LE PETIT LIVRE DES BIÈRES

700 bières du monde

SOUS LA DIRECTION DE **TIM HAMPSON**

DK

Penguin Random House

ÉDITION ORIGINALE sous le titre : *Great Beers*

DK, One Embassy Gardens, 8 Viaduct Gardens, London, SW11 7BW
A Penguin Random House Company

DK ROYAUME-UNI
Direction éditoriale Robert Sharman
Édition Nihal Yesil et Dawn Henderson
Direction artistique Christine Keilty et Marianne Markham
Conception et réalisation graphiques Elma Aquino
Conception et réalisation graphiques de la couverture Nicola Powling
Conception PAO Sunil Sharma
Fabrication Jennifer Murray
Responsable de production Hema Gohil
Support technique Sonia Charbonnier

DK INDE
Production Pankaj Sharma
Édition Glenda Fernandes

Éléments précédemment publiés
dans *Bières du monde*, 2011, Éditions Prisma

ÉDITION FRANÇAISE

Supervision Sara Sanchez
Suivi de fabrication Megan Harvey
Coordination éditoriale Émilie Jauliac
Adaptation InTexte, Toulouse
Traduction Ludivine Verbeke
Couverture La Cédégraphe
Coordination et mise en page Belle Page

ISBN : 978-2-8104-3853-2
Dépôt légal : octobre 2023
Imprimé en Chine

Pour les esprits curieux

www.dk.com

MIXTE
Papier | Pour une gestion forestière responsable
FSC™ C018179

Ce livre a été imprimé sur du papier issu de sources responsables Forest Stewardship Council™ (FSC) – un petit pas dans l'engagement de DK pour un avenir durable. Pour plus d'informations, rendez-vous sur : www.dk.com/our-green-pledge.

LE PETIT LIVRE DES BIÈRES

BELGIQUE
AMSTEL
BIER
Diebels
ARKA
A.D.1478
MAREDSOUS
8
DUPONT
TOURPES
Kitzmann
Great Minds Drink Alike
DENVER, COLORADO
hasseröder
Premium Pils
Bit
SUN
TRADE MARK
MASTER BREW
KENTISH ALE
Gösser
OPEN
BRINKHOFFS
Pater Lieven
GRAND PRESTIGE

LE PETIT LIVRE DES BIÈRES

700 bières du monde

SOUS LA DIRECTION DE **TIM HAMPSON**

DK

DK | Penguin Random House

ÉDITION ORIGINALE sous le titre : *Great Beers*

DK, One Embassy Gardens, 8 Viaduct Gardens, London, SW11 7BW
A Penguin Random House Company

DK ROYAUME-UNI
Direction éditoriale Robert Sharman
Édition Nihal Yesil et Dawn Henderson
Direction artistique Christine Keilty et Marianne Markham
Conception et réalisation graphiques Elma Aquino
Conception et réalisation graphiques de la couverture Nicola Powling
Conception PAO Sunil Sharma
Fabrication Jennifer Murray
Responsable de production Hema Gohil
Support technique Sonia Charbonnier

DK INDE
Production Pankaj Sharma
Édition Glenda Fernandes

Éléments précédemment publiés
dans *Bières du monde*, 2011, Éditions Prisma

ÉDITION FRANÇAISE

Supervision Sara Sanchez
Suivi de fabrication Megan Harvey
Coordination éditoriale Émilie Jauliac
Adaptation InTexte, Toulouse
Traduction Ludivine Verbeke
Couverture La Cédégraphe
Coordination et mise en page Belle Page

ISBN : 978-2-8104-3853-2
Dépôt légal : octobre 2023
Imprimé en Chine

Pour les esprits curieux

www.dk.com

FSC www.fsc.org MIXTE Papier | Pour une gestion forestière responsable FSC™ C018179

Ce livre a été imprimé sur du papier issu de sources responsables Forest Stewardship Council™ (FSC) – un petit pas dans l'engagement de DK pour un avenir durable. Pour plus d'informations, rendez-vous sur : www.dk.com/our-green-pledge.

Sommaire

Introduction

Ce livre est une aventure – une initiation aux subtilités d'un monde fascinant de saveurs, couleurs et arômes. C'est un voyage à la découverte de 700 des meilleures ales, porters et pilsners de la scène brassicole internationale, nées du savoir-faire, de la passion et du talent de maîtres brasseurs de génie.

L'offre actuelle ne peut que combler l'amateur de bière. Alors que les États-Unis imposent leur créativité, ces dernières décennies ont vu les brasseurs s'ingénier à repousser les limites du genre. De l'Alaska au Mexique, les brasseurs américains œuvrent à enrichir la production, avec des bières brunes, amères et houblonnées, uniques au monde. On s'inspire des styles de bière européens déconstruits, puis réinterprétés en revisitant la tradition. En un mot, les règles ont cédé la place à l'innovation !

Les grandes nations brassicoles d'Europe – Allemagne, Belgique et République tchèque – tiennent toujours leur rang, avec une offre fidèle à la tradition côtoyant d'excitantes créations. Dans ces pays où la culture du raisin domine depuis longtemps celle des céréales, la bière fait une entrée remarquée – avec l'offre de brasseurs italiens inventifs, qui ont rencontré un grand succès.

Plus que jamais, l'amateur de bière accède à des marques brassées aux quatre coins du monde. De la boutique spécialisée aux rayons des grandes surfaces, l'offre s'est diversifiée, permettant à tout un chacun de découvrir la plupart des bières référencées dans ce livre. Les plus ambitieux seront peut-être encouragés à passer les frontières pour enrichir leur expérience et découvrir à travers les grandes destinations brassicoles de la planète des breuvages encore plus exotiques. Cet ouvrage vous propose de découvrir les grandes routes de la bière de l'Ancien Monde et du Nouveau Monde – de l'Oregon à Bruxelles, en passant par les Cotswolds, Prague ou Bamberg.

Conçu à l'intention de tous ceux qui souhaitent élargir leur champ de connaissance en matière de bière et s'initier à d'autres flaveurs, ce livre encourage le lecteur à la curiosité. Apprenez à savourer une bière en sachant différencier pilsner, lager, bière fruitée, IPA américaine, ale belge et gueuze…

Quel plus grand plaisir peut-il y avoir, après une journée de travail, que de s'asseoir dans son bar préféré, pour déguster une bière ? Oui, mais laquelle ? L'offre est immense, le choix vous appartient…

Tim Hampson

Aass Bryggeri

Postboks 1530,
N-3007 Drammen, **NORVÈGE**
www.aass.no

La plus vieille brasserie norvégienne date de 1834. Nommée d'après Poul Lauritz Aass (prononcez « ouss »), cette entreprise familiale a été dirigée par quatre générations depuis 1860.

SECRET DE BRASSERIE Les bières Aass respectent la loi bavaroise de pureté de la bière de 1516, et l'eau est puisée dans le lac voisin de Glitre.

Aass Bock

DUNKLER BOCK 6,5 % VOL.
Souple et crémeuse ; brassée avec du malt de Munich et du houblon Hallertau. Vieillie 3 mois au minimum.

Aass Juleøl

DUNKLER BOCK 6,2 % VOL.
La bière de Noël préférée des Scandinaves. Épaisse et maltée, avec une saveur riche et homogène.

Abbaye des Rocs

37, Chaussée Brunehault, B7387
Montignies-sur-Roc, **BELGIQUE**
www.abbaye-des-rocs.com

Jean-Pierre Eloir, ex-percepteur, se tourna vers la brassiculture en 1979. Depuis, son entreprise s'est agrandie, et ses bières jouissent d'une bonne réputation, notamment à l'étranger.

SECRET DE BRASSERIE Les bières de base sont fidèles au style épicé de corps plein typiquement wallon, les bières vendues en fûts sont souvent non filtrées.

Blanche des Honnelles

WITBIER 6 % VOL.

Bière de froment peu ordinaire, élaborée à base d'orge maltée, de froment malté et d'avoine maltée sur place.

Abbaye des Rocs Brune

DARK STRONG ALE BELGE 9 % VOL.

Très épicée et durable, avec une touche consistante. Très appréciée dans les pays anglo-saxons.

Achelse Kluis

De Kluis 1, B3930 Hamont-Achel,
BELGIQUE
www.achelsekluis.org

À l'époque où de nombreuses brasseries fermaient leurs portes, la brassiculture belge put se réjouir, en 1998, de la réouverture de Achelse Kluis – une abbaye trappiste qui se trouve à la frontière néerlandaise – après 84 années d'interruption. Le pub-brasserie attire de nombreux promeneurs et cyclistes.

Achel Bruin 8

BIÈRE TRAPPISTE 8 % VOL.
Plus qu'une bière pression, c'est un breuvage trappiste classique ; lourd, riche en esters et nourrissant.

Achel Extra Bruin

BIÈRE TRAPPISTE BRUNE 9,5 % VOL.
Fleuron du maître brasseur Knops – qui refuse de boire autre chose – riche et bénéfique.

Acorn

Wombwell, Barnsley,
Yorkshire du Sud, S73 8HA
ANGLETERRE
www.acornbrewery.net

Une des microbrasseries les plus récentes d'Angleterre, Acorn fut fondée en 2003 et a doublé sa capacité de production les quatre premières années. Elle produit aujourd'hui 6 500 litres de bière par semaine.

SECRET DE BRASSERIE La brasserie a introduit une souche de levure venant de chez Barnsley, datant des années 1850.

Barnsley Bitter

BITTER 3,8 % VOL.
Robe de châtaigne mûre, la saveur ronde et riche se prolonge sur la finale amère.

Barnsley Gold

STRONG BITTER 4,3 % VOL.
Joliment blonde. Les arômes d'agrumes houblonnés mènent la danse jusqu'à la finale sèche.

Adnams

Southwold, Suffolk, IP18 6JW
ANGLETERRE
www.adnams.co.uk

Ces « bières de la côte » brassées dans le style anglais sont élaborées à Southwold depuis 1872. Récemment, l'équipement a été renouvelé et modernisé, et l'accent sur les méthodes traditionnelles est maintenu. Le centre de distribution répond aux normes environnementales – il est même couvert d'un toit végétal symbolisant la démarche de l'entreprise.

Adnams Broadside

STRONG BITTER 4,7 % VOL.
Arômes riches de cake aux fruits dominant l'attaque, association raffinée de malt et de houblon.

Adnams Bitter

BITTER 3,7 % VOL.
Les fragrances de houblon aromatique et de malt biscuité laissent place à une saveur persistante, sèche, et à l'amertume désaltérante.

Airbräu

Münchner Airportcenter,
Terminalstr. Mitte 18,
85356 Munich, **ALLEMAGNE**
www.allresto.de

Cette brasserie est implantée dans une zone toute particulière : entre deux terminaux de l'aéroport de Munich. Elle ouvrit en 2004, en même temps que le nouveau terminal 2, et comporte un restaurant et un café en plein air largement fréquentés. Les deux cuves de brassage trônent au beau milieu du restaurant.

Fliegerquell

LAGER 5,2 % VOL.

Robe blonde profonde, structure raffinée, et typiquement sèche. Destinée aux palais étrangers.

Kumulus

BIÈRE BLANCHE 5,4 % VOL.

Robe typiquement jaune, bière blanche pétillante très fraîche, désaltérante et de corps plein.

Aktien

Hohe Buchleute 3, 87600
Kaufbeuren, **ALLEMAGNE**
www.aktienbrauerei.de

Les origines brassicoles d'Aktien, à Kaufbeuren, remontent au début du XIVe siècle. Plus récemment, la brasserie a racheté les entreprises Löwen et Rosen.

SECRET DE BRASSERIE Aktien élabore encore ses bières selon la Reinheitsgebot, loi bavaroise sur la pureté de la bière promulguée en 1516.

Naturtrübes Kellerbier

KELLERBIER 5,1 % VOL.

Non filtrée et naturellement trouble. Le goût légèrement sucré caractérise l'un des plus vieux styles de bière bavarois.

Fendt Dieselrossöl

MÄRZEN 5,9 % VOL.

Structure maltée, aromatique et de corps plein, au goût un peu amer. Accompagne bien les plats de gibier.

Alaskan

5429 Shaune Drive, Juneau,
Alaska 99801, **É.-U.**
www.alaskanbeer.com

Située au cœur d'une communauté côtière dépourvue de routes reliées au réseau national, l'Alaska Brewering est néanmoins devenue une puissance régionale dont la bière est distribuée sur la majeure partie du territoire à l'ouest des Rocheuses. Geoff et Marcy Larson, les fondateurs, ont misé dès le départ sur les ingrédients et les recettes locales. La première bière d'Alaskan, l'Amber Ale, produit phare de la marque, s'inspire d'une bière brassée à Juneau au début du xxe siècle.

Amber

ALTBIER 5 % VOL.
Notes de camarel sur le nez et de touches épicées. Bière onctueuse et maltée, amertume équilibrée.

Barley Wine Ale

BARLEY WINE 10,4 % VOL.
Vieillie dans une ancienne mine d'or. Épaisse et onctueuse, avec notes de caramel brun, de cerises et de prunes.

A. Le Coq

Tähtvere 56/62, 50050 Tartu,
ESTONIE
www.alecoq.ce/en

Cette brasserie fut fondée en 1826 et rachetée en 1913 par A. Le Coq, une société basée à Londres. À l'époque, elle cherchait une brasserie dans l'Empire russe pour produire son imperial stout, au lieu de l'exporter d'Angleterre. La production fut interrompue dans les années 1960 mais reprit en 1999. Les anciennes salles de maltage ont été converties en un petit musée.

Le Coq Porter

PORTER 6,5 % VOL.
Bière brune et forte – digne successeur de la célèbre Imperial Extra Double Stout.

Double Bock

BOCK 8 % VOL.
Bock claire, forte et réchauffante, elle présente une finale étonnamment suave étant donné sa teneur élevée en alcool.

Alesmith

9368 Cabot Drive, San Diego,
Californie 92126, **É.-U.**
www.alesmith.com

L'un des établissements de San Diego à avoir conduit la Californie du Sud au premier plan de la brasserie nationale. Il présente une large gamme de bières généralement fortes, réservées aux connaisseurs, vieillies en fûts et millésimées.

SECRET DE BRASSERIE Tous les employés sont des brasseurs primés.

Speedway Stout

IMPERIAL STOUT 12 % VOL.
Le café domine un large palais de chocolat, de caramel, de raisins de Corinthe et de noix grasses.

IPA

INDIA PALE ALE 7,3 % VOL.
Débordant d'arômes de houblons et de salade de fruits, dont des notes marquées de mangue et d'ananas mûrs.

Alhambra

Avenida de Murcia 1,
18012 Grenade, **ESPAGNE**
www.cervezasalhambra.com

Le groupe Alhambra, qui doit son nom au célèbre palais maure de Grenade, fut fondé en 1925. L'eau la plus pure d'Espagne, issue de la Sierra Nevada, est utilisée dans l'élaboration des bières.

SECRET DE BRASSERIE Les brasseurs appliquent des techniques traditionnelles, dont la fermentation durant 39 jours.

Alhambra Premium

LAGER 4,6 % VOL.
Robe blonde douce, nez frais et citronné avec un soupçon de malt. Équilibrée et accessible au palais.

Mezquita

BIÈRE DE FROMENT 7,2 % VOL.
Bière de froment roux franc et de corps plein, avec des notes de caramel et des soupçons de poivre sur l'arôme.

Allagash

100 Industrial Way, Portland,
Maine 04103, **É.-U.**
www.allagash.com

Inspirée des bières belges, Allagash aime la tradition tout en sachant innover. En 2007, elle fut la première brasserie américaine à créer un bac refroidisseur traditionnel pour la fermentation spontanée des levures naturelles.

SECRET DE BRASSERIE Certaines bières sont vieillies en fûts de chêne ayant contenu du bourbon.

Allagash White

WITBIER 6,2 % VOL.

Bière trouble, fruitée et désaltérante, rehaussée par des notes subtiles de coriandre et de curaçao.

Curieux

TRIPLE 10 % VOL.

Vieillie en fûts ayant contenu du Jim Beam. Les notes de fruits du verger et de miel s'associent aux saveurs de bourbon, de vanille et de bois.

Allersheim

Allersheim 6,
37603 Holzminden, **ALLEMAGNE**
www.brauerei-allersheim.de

Otto Baumgarten fonda cette brasserie en 1854 en complément de son activité agricole. Il récoltait les céréales de ses cultures,
mais devait néanmoins acheter les houblons. La production augmenta au fil des ans et, aujourd'hui, l'entreprise emploie plusieurs dizaines de personnes.

SECRET DE BRASSERIE Les bières sont destinées aux amateurs locaux.

Landbier

PILSNER 5 % VOL.

Une pilsner avec un moût de malt clair et de malt noir. Saveur douce, avec un arôme typiquement malté.

Blue Moon

BIÈRE ET COLA 1,9 % VOL.

Agréable mélange de houblons sec et de cola. Le mélange est effectué sans sucre, la saveur générale n'est donc pas excessivement sucrée.

Almond 22

Via Dietro le Mura 36-38,
65010 Spoltore (Pescara), **ITALIE**
www.birraalmond.com

Cette microbrasserie fut fondée en 2003 dans la ville côtière de Pescara par Jurij Ferri, d'origine suédo-italienne. Ce dernier élabore des bières très prisées inspirées des styles britanniques et belges, ainsi que certaines bières expérimentales brassées avec des ingrédients locaux.

Torbata

BARLEY WINE 8,7 % VOL.

Bière tourbée avec une saveur fumée semblable à celle d'un whisky écossais. Accessible, malgré sa force.

Farrotta

BIÈRE D'ÉPEAUTRE 5,7 % VOL.

Bière blonde trouble brassée avec de l'orge et de l'épeautre de culture locale ; accessible et désaltérante.

Alpirsbach

Alpirsbacher Klosterbräu, Marktplatz 1, 72275 Alpirsbach, **ALLEMAGNE**
www.alpirsbacher.de

À la fin du XIXe siècle fut construite une ligne de chemin de fer traversant la Forêt-Noire, amenant de nombreux touristes dans le village d'Alpirsbach. Johann Gottfried Glauner réouvrit alors l'ancienne brasserie du village. Les ventes s'envolèrent et, aujourd'hui, la bière d'Alpirsbach est produite par la quatrième génération de la famille.

Kleiner Mönch

LAGER 5,2 % VOL.

Robe blonde laissant présager une bière fraîche et jeune. De corps plein, avec une saveur de caramel donnée par le malt.

Schwarzes Pils

PILSNER 4,9 % VOL.

Robe rouge-brun profonde et saveur forte, avec un arôme de malt torréfié incontestable.

Altöttinger

Altöttinger Hell-Brau,
Herrenmühlstr. 15, 84503 Altötting,
ALLEMAGNE
www.altoettinger-hellbraeu.de

Altötting, en Bavière, est un lieu de pèlerinage dédié à la Vierge. En 1890, Georg Hell augmenta la production d'une brasserie locale pour abreuver les pèlerins. Aujourd'hui, la brasserie propose huit bières différentes.

SECRET DE BRASSERIE Les bières sont élaborées à partir des houblons les plus fins et des meilleurs malts allemands.

Bayerische Dunkel

DUNKEL 5,2 % VOL.

Saveur de torréfaction et de malt, mais fraîche et avec une longue finale. Spécialité brune au caractère unique.

Fein-Herb

LAGER 5 % VOL.

Les meilleurs malts, associés à des houblons soigneusement sélectionnés, produisent une saveur raffinée, exceptionnellement sèche.

Amber

Bielkówko, ul. Gregorkiewicza 1,
83-050 Kolbud, **POLOGNE**
www.browar-amber.pl

Appartenant à la famille Przybylo, cette brasserie de taille moyenne est l'une des plus modernes de Pologne. Située non loin de Gdansk en Poméranie, grande région brassicole, la brasserie encourage le mouvement Slow Food
et organise le festival de la gastronomie Kozlaki Bielkowskie chaque année au mois de septembre.

Koźlak

DUNKEL BOCK 6,5 % VOL.

Bière roux rubis, riche en saveurs de malt et de levure, avec un arrière-goût réchauffant.

Zywe

PILSNER 6,2 % VOL.

Robe pâle, saveurs de citron, brassée avec des houblons et l'orge de la région de Lubin.

Amsterdam Brewing

21 Bathurst Street, Toronto,
Ontario, M5V 2NG, **CANADA**
www.amsterdambeer.com

Passion et enthousiasme sont les maîtres-mots de ce premier pub-brasserie ouvert à Toronto. Fondé en 1986, les affaires furent florissantes, et l'établissement fut déplacé dans d'autres locaux avant de trouver son site actuel en 2005. La brasserie est située face au Fort York, site national et berceau de la ville de Toronto, créée en 1793. En 2003, la société Kawartha Lakes, en liquidation, céda ses marques à Amsterdam Brewing qui continue d'élaborer une des gammes KLB.

KLB Nut Brown Ale

BROWN ALE 5 % VOL.

Le goût acidulé des houblons East Kent Goldings est inévitable. Saveur douce, avec des soupçons de miel et de chocolat.

Amsterdam Wheat Beer

BIÈRE DE FROMENT 4 % VOL.

Robe légère, douceur de malt et de pain frais. Servie avec une rondelle de citron.

Anchor

705 Mariposa St., San Francisco,
Californie 94107, **É.-U.**
www.anchorbrewing.com

En 1965, Anchor Brewing échappa à la fermeture grâce à Fritz Maytag, qui proposa différents styles classiques de bières, initiant une révolution dans le monde de la microbrasserie.

SECRET DE BRASSERIE Maytag préserve le *« steam style »* en ajoutant de la levure basse portée à haute température dans des cuves larges et peu profondes.

Liberty Ale

PALE ALE 6 % VOL.

Une référence en matière de bières blondes américaines. Nez fruité et floral, amertume vive sur le palais.

Anchor Steam

STEAM BEER 4,9 % VOL.

Nez caractéristique de bois et de menthe. Arômes bien ronds de caramel menant à une finale franche et vive.

Andechs

Kloster Andechs, Bergstr. 2,
82346 Andechs, **ALLEMAGNE**
www.andechs.de

Les moines bénédictins d'Andechs commencèrent à produire de la bière en 1455. L'abbaye restaura la brasserie en 1972 et investit dans un équipement moderne. Toujours associée au site de pèlerinage de montagne au sud-ouest de Munich, Andechs est aujourd'hui une marque qui jouit d'une reconnaissance internationale.

Bergbock Hell

BOCK 7 % VOL.

Une bière forte, à la saveur douce et aromatique. Saveur légèrement sucrée, corps plein.

Doppelbock Dunkel

BOCK 7 % VOL.

Réputée mondialement, au goût fort. Les malts noirs lui procurent un caractère unique, avec un léger arôme houblonné sur la finale.

Anderson Valley

17700 Highway 253, Boonville,
Californie 95415, **É.-U.**
www.avbc.com

Nichée dans Anderson Valley, cette brasserie fonctionnant à l'énergie solaire mêle tradition et techniques locales et étrangères. Certains noms de bières sont des noms topographiques, d'autres sont écrits en boontling, un dialecte régional.

SECRET DE BRASSERIE Les cuves de brassage en cuivre proviennent d'une brasserie allemande ayant fermé.

Boont ESB

EXTRA SPECIAL BITTER 6,8 % VOL.
Houblon et agrumes sur du malt céréalier. Acidulé en bouche, et finale doucement amère.

Barney Flats Oatmeal Stout

OATMEAL STOUT 5,7 % VOL.
Impression de café et de crème, douceur équilibrée par les céréales torréfiées, complexité mise en valeur par des notes de terre.

Anheuser-Busch

One Busch Place, Saint-Louis,
Missouri 63118, **É.-U.**
www.anheuser-busch.com

Anheuser-Busch brasse la moitié de la bière vendue aux États-Unis, dont la Budweiser et la Bud Light, deux des marques les plus vendues au monde. Avec sa marque Michelob, ses spécialités saisonnières et des bières produites par les brasseries régionales pour les consommateurs locaux, la société a remarquablement étendu la gamme de ses produits.

Michelob

MALT LAGER 5 % VOL.
En 2007, la bière retrouva ses origines 100% malt. Délicate, nez épicé, milieu de bouche net et malté, et finale vive et sèche.

Stone Mill Organic Pale Ale

PALE ALE 5,5 % VOL.
Bière issue de l'agriculture biologique. Saveur légère de pain, caractère houblonné, évoquant la terre.

Anker

Guido Gezellelaan 49,
B2800 Mechelen, **BELGIQUE**
www.hetanker.be

Voici une brasserie à la longue histoire. Les propriétaires affirment qu'elle fut fondée en 1369, mais la famille Van Breedam la reprit en 1873 et la fit entrer dans l'ère brassicole moderne. Dans les années 1990, la fin de la Gouden Carolus sembla imminente, mais l'entreprise racheta la brasserie Riva, et à présent, elle est de nouveau productive et innovante.

Gouden Carolus Classic

STRONG DARK ALE 8,5 % VOL.

Cette bombe maltée possède le goût caractéristique des raisins secs du porto.

Gouden Carolus Christmas

STRONG DARK ALE 10,5 % VOL.

Les raisins secs et la mélasse de la Carolus Classic sont présents, mais avec une énergie alcoolique plus forte.

Ankerbräu Nördlingen

Ankergasse 4, 86720 Norlingue,
ALLEMAGNE
www.ankerbrauerei.de

Les origines de la brasserie remontent à 1608. Cette année-là, plusieurs bières furent brassées pour un festival. À la fin du XIXe siècle, la brasserie fut achetée par la famille Grandel.

SECRET DE BRASSERIE Les bières sont élaborées avec des malts locaux, de l'eau du Ries et des houblons de Spalt.

Lager Hell

LAGER 5 % VOL.

Bière jaune, nette, à la saveur riche ; corps plein agréable, avec un arôme raffiné en attaque

Nördlinger Premium Pils

PILSNER 4,7 % VOL.

L'arôme houblonné très floral devient légèrement amer et presque effervescent sur la langue.

Antares

17 Esquina 71, La Plata - P de Bs As,
7600, **ARGENTINE**
www.cervezaantares.com.ar

Antares est l'étoile la plus brillante de la constellation du Scorpion. Le pub-brasserie qui lui a emprunté son nom brille également. Chic et sophistiqué, il propose une alternative aux bières des producteurs internationaux. Le catalogue comprend une kölsch, une scotch ale, une bière au miel, une cream stout, une barley wine et une imperial stout, avec des variantes de style.

Antares Kölsch

KÖLSCH 5 % VOL.

Bien houblonnée et très accessible au palais. Avec ses agréables touches fruitées, elle accompagne idéalement les repas.

Antares Stout Imperial

IMPERIAL STOUT 8,5 % VOL.

Intenses saveurs grillées et de réglisse laissant place à une intensité de café torréfié et d'orange caramélisée.

Apatinska Pivara

Trg Oslobodenja 5, Apatin,
25260, **SERBIE**
www.inbev.com

La plus grande brasserie de Serbie et des Balkans, appartenant désormais à InBev, représente 46 % du marché local. La ville d'Apatin, sur les berges du Danube, est située en Vojvodine, région fertile pour la culture de l'orge. Les documents historiques attestent que la bière y est brassée depuis 1756.

Jelen Pivo

LAGER 5 % VOL.

Robe jaune clair, avec une mousse blanche aérée. Soupçons de gazon et de céréales, et arômes de houblons et de malt. *Jelen* signifie « cerf ».

Apatinsko Pivo

LAGER 5 % VOL.

Saveur fraîche, avec des notes florales et un arôme d'agrumes.

Arcadia

103 West Michigan Avenue,
Battle Creek, Michigan 49017, **É.-U.**
www.arcadiabrewingcompany.com

Exploitant le système britannique Peter Austin, plus courant au nord-est du pays, et brassant avec des malts britanniques, Arcadia produit des bières inspirées de celles du Royaume-Uni, mais élaborées à partir de houblons du Pacifique, évoquant les agrumes et le pin. La levure de Ringwood confère à la bière son caractère rafraîchissant. Ces bières vieillissent particulièrement bien en fûts.

London Porter

PORTER 7,2 % VOL.

Nez riche, saveurs de fève de café, de chocolat, et de fruits noirs ; finale persistante, évoquant un dessert.

Scotch Ale

SCOTTISH ALE 7,5 % VOL.

Les houblons aux saveurs de noix et de pin ne s'équilibrent pas parfaitement. Impression finale marquée par le caramel doux.

Arco

Schlossallee 1, 94554 Moos,
ALLEMAGNE
www.arcobraeu.de

La brasserie Arco appartient aux comtes d'Arco-Zinneberg depuis 450 ans. Le château et la brasserie appartenant à la famille sont basés à Moos, petite ville au cœur de la Basse-Bavière, au confluent de l'Isar et du Danube. En 2004, l'actuel comte d'Arco commercialisa personnellement ses bières aux États-Unis.

Schloss Hell

LAGER 4,9 % VOL.

Avec une saveur douce mais de corps plein et une robe blonde, elle illustre parfaitement les lager bavaroises.

Urfass

LAGER 5,2 % VOL.

Légèrement plus amère que la Schloss Hell, et particulièrement épicée, cette bière est une véritable premium lager bavaroise.

Asia Pacific Breweries

459 Jalan Ahmad Ibrahim,
639934 **SINGAPOUR**
www.tigerbeer.com

Largement distribuées dans toute l'Asie, les bières AP sont actuellement brassées dans sept pays. La bière Tiger, la plus célèbre de la maison, fut lancée dans les années 1930, avec le slogan « *Time for a Tiger* ». Le premier roman de la trilogie *The Long Day Wanes*, écrite par Anthony Burgess, est intitulé *Time for a Tiger*.

Tiger

LAGER 5 % VOL.

Lager blonde rafraîchissante. Idéalement servie très fraîche, si bien que sa saveur et ses arômes sont masqués.

ABC Extra Stout

STOUT 8 % VOL.

Forte mais néanmoins accessible. Le nez est robuste, avec des saveurs de café torréfié et de chocolat.

Auer

Münchner Str. 80, 83022 Rosenheim,
ALLEMAGNE
www.auerbraeu.de

Entre 1887 et 1920, Johann Auer acheta plusieurs parcelles et quelques brasseries autour de la ville de Rosenheim, au sud-est de Munich. Depuis, la société s'est considérablement étendue.

SECRET DE BRASSERIE Lors de sa création, la brasserie Auer était l'une des plus modernes de Bavière.

Bajuware Dunkel

DUNKEL 5,5 % VOL.
Brassée dans le style traditionnel bavarois. Arôme malté et caractère de corps plein.

Weizenbock

BOCK DE FROMENT 7 % VOL.
Bière spéciale forte et épicée. À déguster sur un fromage de caractère ou encore sur un dessert sucré.

Augustiner

Landsberger Str. 31-35,
80339 Munich, **ALLEMAGNE**
www.augustiner-braeu.de

Fondée en 1328, cette brasserie est la plus ancienne de Munich et l'une des deux seules brasseries de la ville (l'autre étant Hofbräu München) n'appartenant pas à un géant de l'industrie brassicole. Le site actuel date de 1885.
La bière Augustiner a acquis une réputation mondiale, bien que la brasserie ne fasse aucune publicité.

Edelstoff

EXPORT 5,6 % VOL.
Robe exceptionnellement blond foncé. Saveur sucrée et immanquablement houblonnée menant à une finale très maltée.

Weissbier

BIÈRE DE FROMENT 5,4 % VOL.
Blonde et trouble, bière de froment de corps plein, au goût acidulé, et légèrement amère sur la finale.

August Schell

1860 Schell Road, New Ulm,
Minnesota 56073, **É.-U.**
www.schellsbrewery.com

Entreprise familiale créée en 1860 par August Schell, et probablement l'un des plus beaux sites des États-Unis, avec des jardins ornementaux et un ancien entrepôt de voitures à chevaux converti en musée. En 2002, la société reprit la production de Grain Belt Premium lorsque cette brasserie ferma ses portes, afin de sauver de la disparition une légende du Minnesota.

Caramel Bock

BOCK 5,6 % VOL.
Nez de caramel riche, évoquant le rhum
La douceur se prolonge après une finale à peine sèche.

Schmaltz Alt

ALTBIER 5 % VOL.
Association de biscuits secs et de chocolat équilibrée par des saveurs de houblon douces et légèrement épicées, ainsi que par de l'amertume.

Au in der Hallertau

Schlossbrauerei Au in der Hallertau, Schlossbräugasse 2, 84072 Au, **ALLEMAGNE**
www.auer-bier.de

La brasserie Au est implantée au cœur de la plus grande région de production mondiale de houblon. En 1590, elle fut associée au maître brasseur Schweiger et, depuis 1846, elle appartient aux comtes Beck de Peccoz (actuellement de la sixième génération). Au in der Hallertau est caractérisée par une approche brassicole moderne.

Hopfengold

EXPORT 5 % VOL.
Robe blonde, saveur de corps plein, notes d'amertume houblonnée et malt clair. Finale agréable, pas trop sucrée.

Holledauer Leichtes

BIÈRE DE FROMENT 3,3 % VOL.
Bière de froment légère, blonde et trouble, fraîche et légèrement effervescente. Saveur pas trop lourde, et finale légèrement amère.

Avery

5763 Arapahoe Avenue, Boulder,
Colorado 80803, **É.-U.**
www.averybrewing.com

Située près des Rocheuses, dans le Colorado, dans un site industriel banal, cette brasserie a néanmoins acquis une grande réputation pour sa production de bières houblonnées et/ou incroyablement fortes, comme notamment le trio surnommé « Demons of Ale », dont le titre moyen des bières est de 15 % vol.

India Pale Ale

INDIA PALE ALE 6,3 % VOL.

Nez gras et de pin, l'orange et le pamplemousse se prolongent du nez au palais. Indiscutablement amère.

Salvation

GOLDEN ALE BELGE 9 % VOL.

Fruits charnus, notamment abricot, fusionnant avec les arômes et les saveurs sucrés et épicés, avec une touche surprenante de miel.

Ayinger

Zornedinger Str. 1, 85653 Aying,
ALLEMAGNE
www.ayinger.de

Johann Liebhard fonda cette brasserie à Aying en 1876 ; à cette époque, on dénombrait environ 6000 brasseries en Bavière. Aujourd'hui, leur nombre a chuté à 700, mais Ayinger a survécu. En 1999, elle bénéficia d'une rénovation entreprise par la famille Inselkammer, contribuant à élargir la renommée de l'entreprise.

Jahrhundertbier

EXPORT 5,5 % VOL.

Arôme évoquant le miel, des houblons floraux légers mènent à une finale harmonieuse.

Celebrator

DOPPELBOCK 6,7 % VOL.

La saveur maltée domine cette bière forte, presque brune. Moins sucrée que les autres doppelbock de même qualité.

Baird Brewing

9-4 Senbonminato-cho, Numazu City,
Shizuoka 410-0845, **JAPON**
www.bairdbeer.com

Fondée en janvier 2001 par Bryan Baird, originaire de l'Ohio aux États-Unis, et son épouse Sayuri, Baird est considérée comme la meilleure brasserie japonaise. Après avoir créé six bières de base – complétées par une bière de froment de style américain –, Baird se concentre sur les bières de saison. Le couple a récemment ouvert un bar à bières à Tokyo.

Rising Sun Pale Ale

PALE ALE 5 % VOL.

Pale ale de style américain, élaborée avec du malt britannique Maris Otter et des houblons américains pour un caractère unique.

Angry Boy Brown Ale

BROWN ALE 6,2 % VOL.

Fascinante et complexe, cette brown ale forte présente un profil gustatif multiple et une finale riche.

Le Baladin

Piazza V Luglio 15,
12060 Piozzo (Coni), **ITALIE**
www.birreria.com

Teo Musso, charismatique et novateur, est l'un des brasseurs les plus créatifs au monde. Il a transformé la bière en une sorte de vin et a mis au point une recette de truffes à la bière.

SECRET DE BRASSERIE Musso met de la musique à ses levures pendant le processus de fermentation, et il est convaincu qu'elles lui répondent.

Xyauyù

BARLEY WINE 12 % VOL.

L'oxydation radicale produit des saveurs de solera évoquant la cerise. Plate, réchauffante et veloutée.

Nora

ALE ÉPICÉE 6,8 % VOL.

Inspirée de l'Égypte antique, avec des graines de kamut, du gingembre et de la myrrhe. Amertume balsamique donnée par les résines éthiopiennes.

Baltika

6 Proezd, Parnas 4,
Saint-Pétersbourg, **RUSSIE**
www.eng.baltika.ru

En tentant de s'adapter à l'économie capitaliste, le marché brassicole russe a traversé une période de changement rapide. L'essor de Baltika fut immédiat, et la brasserie est le plus grand producteur de bière du pays. Elle élabore deux marques majeures – Baltika et Arsenalnoye. La société représente plus de 70 % des ventes en Russie, et exporte ses produits dans 46 pays.

Baltika No. 3 Classic

LAGER 4,8 % VOL.

Le nez malté mène à une finale amère. Largement distribuée en Russie.

Baltika No. 6 Porter

PORTER 7 % VOL.

Bien équilibrée. Les saveurs de malts noirs torréfiés, de chocolat et de mélasse emplissent le verre, couvertes d'une finale houblonnée convenable.

Barley

Via C. Colombo, 09040 Maracalagonis (Cagliari), Sardaigne, **ITALIE**
www.barley.it

Nicola Perra fonda cette microbrasserie en 2006 en Sardaigne, défiant les lager de masse populaires dans la région (la consommation de lager y est la plus élevée d'Italie).

SECRET DE BRASSERIE Les bières sont élaborées avec des ingrédients locaux tels du moût de vin de Sardaigne ou du miel issu de l'agriculture biologique.

Toccadibò

GOLDEN STRONG ALE 8,4 % VOL.
Réchauffante ; épicée, houblonnée et sèche, avec des notes d'amande amère évoquant l'amaretto.

BB 10

BARLEY WINE 10 % VOL.
Un breuvage unique, composé de sapa, le moût élaboré avec des raisins Cannonau locaux.

Barons

1 Moncur Street, Woollahra,
Nouvelle-Galles du Sud 2025,
AUSTRALIE
www.baronsbrewing.com

« Barons de la bière » à tous points de vue, cette brasserie produit ses marques sous contrat, et elle est l'une des entreprises brassicoles artisanales australiennes à la croissance la plus rapide. Elle exporte ses produits en Russie et aux États-Unis.

SECRET DE BRASSERIE Barons utilise des ingrédients locaux du bush, tels que le myrte citronné et les graines d'acacia.

Lemon Myrtle Witbier

WITBIER BELGE 5 % VOL.
Carbonisation modérée, milieu de palais parfumé au citron vert, avec des soupçons épicés, suivi d'une finale nette, vive et fraîche.

Black Wattle Original Ale

ALE ÉPICÉE AMBRÉE 5,8 % VOL.
Sensation en bouche crémeuse, dominée par le malt. Soupçons de noix torréfiées, chocolat et café au lait.

Bateman

Wainfleet, Lincolnshire,
PE24 4JE **ANGLETERRE**
www.bateman.co.uk

Cette brasserie familiale surmontée d'un moulin à vent est l'une des plus anciennes et pittoresques du pays. Elle mérite sa réputation de produire des « bonnes et honnêtes ales ». Dans les années 1980, une mésentente faillit ruiner l'entreprise, mais cette dernière survécut, s'épanouit et se dota d'un nouveau bâtiment de production et d'un centre touristique attractif.

Batemans XXXB

STRONG BITTER 4,8 % VOL.
Ale classique à la robe brun-roux, avec un mélange structuré de malt, de houblons et de saveur fruitée.

XB Bitter

BITTER 3,7 % VOL.
Agréablement équilibrée, avec un arôme houblonné marqué par la pomme qui se prolonge sur la saveur maltée.

Bath Ales

Warmley, Bristol,
BS30 8XN **ANGLETERRE**
www.bathales.com

L'expérience des fondateurs de la brasserie et leur volonté de pratiquer les méthodes traditionnelles tout en utilisant un matériel moderne ont assuré la réputation de Bath Ales et de ses bières uniques. Grâce à ce succès, la société a doublé sa croissance depuis ses débuts en 1995, et s'est dotée d'une entreprise d'embouteillage et d'une boutique.

Bath Ales Gem

BEST BITTER 4,1 % VOL.
Riche, à la texture ronde, avec une qualité de malt, de fruit et de houblon aigre-doux omniprésente.

Special Pale Ale (SPA)

PALE ALE 3,7 % VOL.
L'arôme houblonné proéminent et une touche maltée amère complètent le caractère de corps léger.

Bathams

Brierley Hill, Midlands de l'Ouest,
DY5 2TN **ANGLETERRE**
www.bathams.com

La façade de la brasserie, le Vine Inn, est ornée d'une citation de Shakespeare, dans *Les Deux Gentilshommes de Vérone* : « Béni soit votre cœur, vous brassez de la bonne bière. » Depuis la création de la brasserie en 1877, cinq générations de la famille Batham se sont succédé à sa tête, chacune nourrissant la réputation de l'établissement pour ces milds ales classiques Black Country.

Bathams Best Bitter

BEST BITTER 4,5 % VOL.

Robe paille, avec une saveur sucrée initiale, rapidement supplantée par une saveur houblonnée sèche et complexe.

Bathams Mild Ale

MILD 3,5 % VOL.

Brune foncée et fruitée, sucrée et bien équilibrée, avec une finale houblonnée et fruitée.

Bavik

Rijksweg 33, B8531 Bavikhove-Harelbeke, **BELGIQUE**
www.bavik.be

Gérée par la quatrième génération de la famille De Brabandere, cette brasserie productive a un grand nombre de pubs.

SECRET DE BRASSERIE Les bières d'abbaye et les pilsner occupent une place importante dans la production annuelle (notamment pour la distribution en grandes surfaces), mais les produits les plus intéressants sont les oud bruin.

Petrus Oud Bruin (Dark)

OUD BRUIN 5,5 % VOL.
Récemment, la brasserie a investi dans des fûts de bois géants destinés à la fermentation de cette bière vineuse assez traditionnelle.

Petrus Aged Pale

OUD BRUIN 7,3 % VOL.
Les nouveaux fûts recèlent aussi de cette bière pâle, non diluée, vieillie pendant plusieurs années.

Bayern Meister Bier

1254-1 Kawaharabata,
Inouede-aza, Fujinomiya City,
Shizuoka 418-0103, **JAPON**
www.bmbier.com

À l'origine, le maître brasseur Stefan Rager s'installa au Japon pour travailler dans plusieurs microbrasseries ouvertes après la libéralisation de 1995. Plus tard, il fonda avec son épouse japonaise une brasserie dans le style d'une boutique sur le versant sud du mont Fuji, dédiée aux bières de style allemand. L'ambassade allemande à Tokyo est l'un de ses clients les plus fidèles.

Prinz Pils

PILSNER 5,5 % VOL.
Robe jaune pâle, douce sensation en bouche, avec une carbonisation faible. Saveurs subtiles et équilibrées.

Amadeus Doppelbock

DOPPELBOCK 8 % VOL.
Bière brun roussâtre, arômes de café, caramel et toffee. Notes de malt riche acidulé et d'alcool fort évoquant un cake aux raisins secs et au rhum.

Bear Republic

345 Healdsburg Avenue, Healdsburg,
Californie 95448, **É.-U.**
www.bearrepublic.com

Avec un pub-brasserie situé dans des caves de dégustations de vin du comté de Sonoma, et une brasserie implantée au nord de la ville, Bear Republic propose une halte originale pour les touristes viticoles. Le fondateur, le maître brasseur Richard Norgrove, est aussi talentueux qu'un assembleur de whisky pour mêler les saveurs et les arômes divers du houblon.

Racer 5

INDIA PALE ALE 7 % VOL.

Arômes frais et denses de pin et de pamplemousse, supportés par des notes résineuses. Maltée en milieu de bouche.

Hop Rod Rye

IMPERIAL INDIA PALE ALE 8 % VOL.

Nez vif et acidulé avec des notes d'alcool épicées. Mélange de biscuit et de seigle pur. Houblons présents.

Beba

Viale Italia 11,
10069 Villar Perosa (Turin), **ITALIE**
www.birrabeba.it

Dans leur microbrasserie fondée en 1996 près de Turin, les frères Alessandro et Enrico Borio brassent une vaste gamme de lager. Le bar attenant propose toutes les bières de la maison en pression, ainsi que d'excellents plats cuisinés ; la recette locale est le gofri, un pain azyme croustillant garni de fromage, de viande séchée ou fumée ou de légumes confits.

Motor Oil

STRONG DARK LAGER 8 % VOL.
Robe ébène, notes puissantes de réglisse et de café torréfié, et une longue finale amère. Aussi visqueuse que son nom l'indique.

Talco

LAGER DE SEIGLE 4,2 % VOL.
Cette « weizen lager » de seigle désaltère sous la chaleur estivale.

Bell's

8938 Krum Avenue, Galesburg,
Michigan 49053, **É.-U.**
www.bellsbeer.com

La plus vieille microbrasserie de l'ouest du Colorado, Bell's (anciennement Kalamazoo Brewing) a connu une croissance fulgurante depuis ses premières ventes en 1985. Bell's a construit un nouveau bâtiment à l'extérieur de Kalamazoo, mais a conservé la brasserie d'origine. Les bières Bell's sont réputées pour leur intensité, bien que les plus vendues soient brassées à partir de froment.

Expedition Stout

IMPERIAL STOUT 11,5 % VOL.
Explosion de figues et prunes se développant en notes de chocolat, de café torréfié et de porto.

Oberon Ale

BIÈRE DE FROMENT 5,8 % VOL.
Désaltérante. Acidulée, avec un arôme de zeste d'orange dissimulant de délicates notes épicées. Finale vive et intense.

Bere Romania

Str. Manastur Nr. 2-6, Cluj Napoca, **ROUMANIE**
www.sabmiller.com

Aujourd'hui filiale de SABMiller, cette brasserie fut fondée en 1878. Sa marque principale, Ursus, est caractérisée par le slogan : « La reine des bières roumaines ». En septembre, la ville de Cluj-Napoca, au cœur de la Transylvanie, organise une fête de la bière.

SECRET DE BRASSERIE Les bières sont fermentées avec de la levure bavaroise.

Ursus Premium Pils

PILSNER 5,2 % VOL.
Carbonisation élevée, arôme malté, soupçons de houblons frais et de pain, et notes citronnées sur la finale.

Timisoreana

LAGER 5 % VOL.
Bière jaune clair, accessible au palais, qui ne secoue pas les sens. Élaborée selon une recette de 1718.

Berg

Berg Brauerei Ulrich Zimmermann, Brauhausstr. 2, 89548 Ehingen-Berg, **ALLEMAGNE**
www.bergbier.de

Fondée en 1757, Berg est une entreprise familiale, mais aussi l'une des plus petites brasseries d'Allemagne.

SECRET DE BRASSERIE Berg brasse ses bières avec du maïs fourni par une exploitation agricole bio voisine.

Berg Original

LAGER 4,8 % VOL.

Avec sa saveur homogène et sèche, cette bière est la plus populaire de la brasserie.

Berg Märzen

MÄRZEN 6,1 % VOL.

Bière typiquement forte. Saveur très riche, notamment en raison de sa forte teneur en houblons.

Bergquell

Weststr. 7, Löbau, **ALLEMAGNE**
www.bergquell-loebau.de

La Bergquell Brauerei Löbau joue un rôle majeur dans la région de Lausitz depuis 1846. C'est aussi l'une des brasseries allemandes les plus performantes sur le plan technologique. Elle est réputée pour sa vaste gamme de bières spéciales.

SECRET DE BRASSERIE Les bières spéciales ont un succès international.

Kirsch Porter

PORTER 4,2 % VOL.
Bière brune à la saveur de cerise et aux caractéristiques typiques d'un porter. Maltée et de corps plein.

Lausitzer Porter

PORTER 4,4 % VOL.
Porter habituel, à la saveur sèche de malt torréfié. De corps plein et relativement léger, à la robe brune, et légèrement sucré.

Berkshire

12 Railroad Street South, Deerfield, Massachusetts 01373, **É.-U.**
www.berkshirebrewingcompany.com

Brasserie locale qui distribue toutefois de plus en plus ses bières à Boston. BBC gère l'essentiel de la distribution, garantissant la fraîcheur de la bière et la préservation d'une complexité subtile et équilibrée, naissant avec la fermentation à l'air libre.

SECRET DE BRASSERIE Ces bières pures, non filtrées, doivent être réfrigérées.

Drayman's Porter

PORTER 6,2 % VOL.
Arômes évoquant le café, milieu de bouche complexe (chocolat et caramel), et finale amère.

Raspberry Strong Ale

BIÈRE FRUITÉE 9 % VOL.
Brassée avec des fruits rouges frais, elle est vendue pour la Saint-Valentin. On la surnomme « *Truth Serum* » (« Filtre de vérité »).

Berliner Kindl-Schultheiss

Indira-Ghandi-Str. 66-69,
13053 Berlin, **ALLEMAGNE**
www.berliner-kindl.de

En 2006, l'union des brasseries Berliner Kindl et Berliner Schultheiss fut un symbole pour le pays, dont la culture brassicole avait décliné après la guerre. Cette fusion a engendré plusieurs grandes marques, produites dans l'un des sites les plus modernes de l'Allemagne.

Märkischer Landmann

SCHWARZBIER 4,9 % VOL.

Brune et très maltée, mais sans amertume. Recette originale de la région de Märkisch.

Bockbier

BOCK 7 % VOL.

Blonde, forte, et peu sucrée ; agréable, avec une finale homogène – une bock tout à fait caractéristique.

Bernard

5 Kvetnac.1, 396 01 Humpolec,
RÉPUBLIQUE TCHÈQUE
www.bernard.cz

En 1991, Stanislav Bernard et ses deux associés reprirent la brasserie Humpolec, datant du XVIe siècle, pour produire des bières traditionnelles non pasteurisées au moyen de la microfiltration. Depuis, la brasserie a reçu de nombreuses distinctions et exporte ses bières.

SECRET DE BRASSERIE Bernard possède ses propres sols de maltage.

Celebration/Svátecní Ležák

PREMIUM LAGER 5 % VOL.

Les arômes délicats de houblon évoquant les plantes et la levure couvrent une amertume poivrée sur une finale marquée par le gazon.

Amber/Jantarový Ležák

BIÈRE AMBRÉE 4,4 % VOL.

Brassée avec du malt caramel pour une amertume de noix ; arômes de caramel et palais mielleux.

Big Sky

5417 Trumpeter Way, Missoula,
Montana 59808, **É.-U.**
www.bigskybrew.com

Les trois associés de l'entreprise ont combiné une bière de qualité, un nom pertinent (excepté une marque qui leur valut des poursuites du brasseur canadien Moosehead) et une étiquette séduisante. Big Sky est vite devenue une brasserie régionale distribuant ses bières de l'Alaska au Minnesota, et dont les trois quarts de ses meilleures ventes sont des bières brunes.

Moose Drool

BROWN ALE 5,3 % VOL.

Fruits noirs et noix se mêlent au chocolat ; douceur atténuée par des notes de houblons évoquant la terre. Bière chocolat, de corps moyen.

Scape Goat Pale Ale

PALE ALE 4,7 % VOL.

Biscuitée, fruitée et épicée sur le palais, équilibrée par une amertume modérée. Finale courte mais sèche.

Birrificio Italiano

Via Castello 51, 22070 Lurago Marinone (Côme), **ITALIE**
www.birrificio.it

Agostino Arioli fonda ce pub-brasserie réputé en 1994 avec son frère Stefano et d'autres amis. Sa pils et sa bock eurent rapidement un grand succès. La brasserie propose une vaste gamme de bières de saison telles qu'une lager de cassis effervescente et une bière vieillie en fûts et épicée à la cannelle et au gingembre. Le restaurant sert des plats régionaux et organise des concerts.

Scires

BIÈRE DE CERISE 7 % VOL.
Cerises noires Vignola, levure sauvage, bactéries lactiques et copeaux de bois produisent une bière aigre fantastique.

Fleurette

BIÈRE LÉGÈRE AROMATISÉE 3,7 % VOL.
Élaborée avec orge, froment et seigle, et aromatisée à la rose, violette, sureau, poivre noir et miel d'agrumes.

Bischoff

Wellerhof, 50321 Brühl,
ALLEMAGNE
www.bischoff-koelsch.de

Cette brasserie privée fut créée dans des bâtiments agricoles au début des années 1960, dans la région de Brühl, près de Cologne, habitée depuis l'époque romaine.

SECRET DE BRASSERIE La kölsch est une spécialité de la région de Cologne, traditionnellement servie dans un verre long et étroit.

Bischoff Kölsch

KÖLSCH 4,9 % VOL.
Robe blond clair ; fraîche et sucrée, avec de légères notes de houblons.

Radler

BIÈRE MÉLANGÉE 2,5 % VOL.
Robe jaune clair, et arômes de limonade acidulée. Bière effervescente et extrêmement désaltérante.

Bischofshof

Heitzerstr. 2, 93049 Ratisbonne,
ALLEMAGNE
www.bischofshof.de

La brasserie Bischofshof était à l'origine associée à la cathédrale de Ratisbonne. Des documents historiques attestent qu'en 1230, elle produisait de la bière pour l'évêque. Au début du xxe siècle, elle fut relocalisée pour accroître sa capacité de production. Aujourd'hui, la bière Bischofshof est produite dans l'un des sites brassicoles les plus modernes du secteur.

Weissbier Hell

BIÈRE DE FROMENT 5,1 % VOL.
Ancienne spécialité bavaroise : fraîche, claire, effervescente et légèrement sucrée – l'ensemble est agréable.

Bischofshof Pils

PILSNER 5,1 % VOL.
Mousse crémeuse et attaque légère et effervescente. Bonne saveur amère ; légers arômes de houblons fins.

Bitburger

Römermauer. 3, 54634 Bitburg/ Eifel, **ALLEMAGNE**
www.bitburger.de

Fondée en 1817, Bitburger est spécialisée dans la pilsner. Réputée dans le monde entier grâce au sponsoring d'événements sportifs, elle est souvent considérée comme le meilleur producteur de pilsner à la pression.

SECRET DE BRASSERIE La brasserie utilise généralement de l'orge d'été à deux rangs.

Premium Pils

PILSNER 4,8 % VOL.
Pilsner claire, typique, à la saveur légère et amère. Homogène mais très sèche. À la pression, fraîche et raffinée.

Bitburger Light

PILSNER 2,8 % VOL.
L'équivalent plus léger de la premium. Titrant à 2,8 % vol. seulement, elle est de corps plein, et dégage une saveur de cask fraîche.

Black Sheep

Masham, Yorkshire du Nord,
HG4 4EN **ANGLETERRE**
www.blacksheepbrewery.com

La famille Theakston brassait de la bière depuis six générations à Masham, mais la perte de son indépendance contraignit Paul Theakston à se retirer. Mais ce dernier n'abandonna pas la brassiculture ; il fonda Black Sheep sur le site d'une ancienne malterie, au nord du fleuve Ure. Depuis 1992, la brasserie a su résister aux difficultés du secteur et a connu une croissance constante, à plusieurs niveaux : la capacité de production fut doublée en 2006.

Black Sheep Ale

BITTER 4,4 % VOL.
Saveur ronde, avec un arôme riche et fruité, un goût malté aigre-doux, et une finale longue et sèche.

Riggwelter

PREMIUM BITTER 5,9 % VOL.
Strong bitter, complexe et fruitée, avec *pear drops* (bonbons acidulés aromatisés à la poire) et soupçons de réglisse.

Blaugies

435 rue de la Frontière,
B7370 Dour-Blaugies, **BELGIQUE**
www.brasseriedeblaugies.com

Située tout près de la frontière française, Blaugies est une petite brasserie familiale dont les enfants ont repris la gestion à la suite de leurs parents, qui fondèrent l'entreprise en 1988. L'objectif de Blaugies est de produire des bières dans le style de la région, ainsi que certains produits inhabituels.

La Moneuse

BIÈRE DE SAISON 8 % VOL.

Terreuse et épicée, riche en levure et en esters ; forte pour une bière de saison, avec l'acidité métallique caractéristique.

Bière Darbyste

BIÈRE DES OURS 5,4 % VOL.

Jus de figue ? Variante alcoolisée du Yesteryear. Seule la fraîcheur garantit une saveur sucrée.

Blonder Sörgyar

Futca 9 Vonyarcvashegy, **HONGRIE**
www.blonder.hu

Créée récemment en Hongrie, Blonder Sörgyar est située près du lac Balaton, le plus grand lac d'Europe centrale. Outre les bières brassées sur le site, l'auberge installée en bord de route propose des chambres et est dotée d'un restaurant. La cuisine est typiquement hongroise – équilibrée, et s'accompagne parfaitement d'une bière.

Világos

LAGER 5,6 % VOL.
Robe jaune, bière forte et céréalière, avec une douceur manifeste. Malgré quelques notes grossières, elle est idéale avec la cuisine hongroise.

J Boag & Son

39 William Street, Launceston,
Tasmanie 7250, **AUSTRALIE**
www.boags.com.au

Née d'une brasserie régionale moribonde, Boag s'est forgée un succès depuis le lancement de la James Boag's Premium Lager en 1994. Les lager constituent l'essentiel de la production, mais depuis quelques années, Boag développe des éditions limitées. La brasserie fut rachetée par le groupe Lion Nathan à la fin de l'année 2007.

Wizard Smith's Ale

BITTER ALE 5 % VOL.

Structure solide de malt, avec des notes de caramel et de houblon épicé, saveur arrondie par une amertume importante.

Bockor

Kwabrugstraat 5, B8510 Bellegem,
BELGIQUE
www.bockor.be

La brasserie est surtout réputée pour ses Jacobin (lambics en puissance élaborés en fermentation spontanée). Pourtant, une gamme diversifiée de bières y est produite, dont notamment une oud bruin traditionnelle créée par l'ancien maître brasseur Omer Vander Ghinste. Actuellement, Bockor renouvelle son catalogue.

Bellegems Bruin

BIÈRE DE FERMENTATION MIXTE 5,5 % VOL.
Cette oud bruin est élaborée à partir de levures sauvages et cultivées. Il en résulte une bière aux saveurs de fruits rouges, de bois, et regorgeant d'une aigreur lactée.

Bøgedal Bryghus

Høllundvej 9, DK-7100 Vejle,
DANEMARK
www.boegedal.com

Cette ferme est la seule brasserie au monde à produire la « Goodbeer », un ancien style danois de bière forte et riche, dont les origines précèdent la révolution industrielle. Chaque bière étant unique, elle porte un numéro plutôt qu'un nom.

SECRET DE BRASSERIE Bøgedal est la seule brasserie scandinave alimentée par gravité.

Brew No. 127

DARK ALE 6,3 % VOL.

Parfum de pruneau et d'agrumes. Emplit le palais et se prolonge avec un léger arrière-goût fumé.

Brew No. 121

PALE ALE 5,9 % VOL.

Robe ambrée claire et carbonisation compacte. La douceur aromatique révèle des notes de miel, d'agrumes et de vin raffinées.

Boon

Fonteinstraat 65,
B1520 Lembeek, **BELGIQUE**
www.boon.be

En 1975, alors que les bières de lambic et leurs brasseurs disparaissaient, Frank Boon reprit la production de la gamme De Vits. Son idée fut récompensée par la croissance de son entreprise.

SECRET DE BRASSERIE La plupart des bières Boon sont qualifiées de « oude », ce qui signifie « dans le style ancien » des lambics purs.

Geuze Boon Mariage Parfait

GUEUZE 8 % VOL.

Le mariage parfait fait bien entendu référence aux lambics produisant cette gueuze sèche, breuvage de prédilection du brasseur.

Boon Oude Kriek

KRIEK 6,5 % VOL.

Le lambic de cerise non sucré produit un délice pour les yeux et les papilles.

Boon Rawd

999 Samsen Road, Bangkok,
10300 **THAÏLANDE**
www.boonrawd.co.th

Cette entreprise fut fondée en 1933 par Phraya Bhirom Bhakdi qui avait appris le brassage au cours d'un long voyage en Allemagne et au Danemark. Elle appartient toujours à la famille Bhirom-Bhakdi, et gère trois brasseries en Thaïlande.

Singha

LAGER 6 % VOL.

Bière d'orge maltée de corps plein, au fort caractère houblonné. Avec une saveur nette, elle accompagne les plats épicés.

Singha Light

LAGER 3,5 % VOL.

Dépourvue de la complexité et de la vitalité de son équivalent plus fort. Robe jaune pâle, saveur légère.

Boscos

Sites divers, **É.-U.**
www.boscosbeer.com

Depuis 1992, cette chaîne de pubs-brasseries promeut activement la brassiculture dans le Sud américain. Elle propose des bières de type anglais conditionnées en fûts et invite les clients à participer comme cavistes.

SECRET DE BRASSERIE Lors du brassage de la Flaming Stone's, des morceaux de granite sont plongés dans le moût pour caraméliser les sucres.

Flaming Stone Beer

STEIN 4,8 % VOL.
Brassée à la manière des bières stein allemandes. Caramel et noix omniprésents. Finale fumée et sèche.

Hefeweizen

HEFEWEIZEN 4,8 % VOL.
Nez classique de chewing-gum et de rose, saveurs plus crémeuses et douces de fruits, supportées par des épices, dont le clou de girofle.

Bosteels

Kerkstraat 96,
B9255 Buggenhout, **BELGIQUE**
www.bestbelgianspecialbeers.be

La septième génération de la famille Bosteels possède et gère cette brasserie. Ces dernières années, les propriétaires ont suivi les tendances avec talent – non seulement en matière de bières, mais aussi avec des verres spectaculaires.

SECRET DE BRASSERIE La Tripel Karmeliet est élaborée à partir de trois céréales : l'orge, le froment et l'avoine.

Tripel Karmeliet

BIÈRE D'ABBAYE TRIPLE 8 % VOL.
Le nez fumé et épicé annonce une bière dominée par le malt et au caractère de torréfaction.

Deus Brut Des Flandres

STRONG ALE BELGE 11,5 % VOL.
La bouteille semblable à celle du dom-pérignon prouve que cette bière est destinée aux connaisseurs. Sèche et vive.

Boulder

2880 Wilderness Place, Boulder,
Colorado 80301, **É.-U.**
www.boulderbeer.com

Première microbrasserie américaine hors de la Californie, Boulder est un symbole de ce mouvement ; ses associés commencèrent à brasser dans une bergerie, et l'entreprise dépend des largesses du géant national Coors pour acheter ses ingrédients. La bière Boulder est distribuée sur la majeure partie du territoire américain, et insiste sur ses origines du Colorado.

Planet Porter

PORTER 5,1 % VOL.

Première bière de la brasserie. Arômes et saveurs de fruits noirs. Notes discrètes de malts torréfiés et d'amertume.

Hazed & Infused

PALE ALE 4,85 % VOL.

Trouble – houblons en suspension –, emmenée par un bouquet d'agrumes, de fleurs et d'épices.

Bourganel

7 avenue Claude Expilly,
07600 Vals-les-Bains, **FRANCE**
www.bieres-bourganel.com

En 1997, Christian Bourganel, distributeur de boisson dans l'Ardèche, décida de développer une gamme de bières blondes artisanales aromatisées aux produits régionaux.

SECRET DE BRASSERIE
Les ingrédients originaux comprennent les marrons, les myrtilles, le nougat de Montélimar et la liqueur de verveine du Velay.

Bourganel au Nougat

LAGER AROMATISÉE 5 % VOL.
Un surprenant bouquet de nougat, et une saveur d'amandes grillées.

Bourganel aux Marrons

LAGER AROMATISÉE 5 % VOL.
Bière ambrée, raffinée, très fruitée et désaltérante, avec un soupçon de vanille et de châtaigne.

Brains

Crawshay Street, Cardiff,
Glamorgan, CF10 1SP
PAYS DE GALLES
www.sabrain.com

Acteur majeur de la brassiculture régionale, Brains affiche fièrement son passé gallois. En 2000, la brasserie abandonna l'Old Brewery toute proche, où la célèbre Brains Pint fut élaborée pendant plus d'un siècle, et s'installa sur le site de Cardiff, où les bières sont toujours brassées dans le respect de la tradition.

Brains SA Gold

BEST BITTER 4,2 % VOL.

Son arôme alcoolisé mêle le malt doux et le houblon épicé à des saveurs fruitées et riches en malt.

Brains Bitter

BITTER 3,7 % VOL.

Robe ambrée riche, avec du malt subtil et du houblon vif. Très équilibrée, avec une certaine amertume.

Brakspear

Witney, Oxfordshire,
OX28 4DP **ANGLETERRE**
www.brakspear.co.uk

En 2002, la brasserie Brakspear, établie de longue date, ferma son entreprise de Henley. Ses bières sont désormais élaborées par la brasserie Wychwood.

SECRET DE BRASSERIE Wychwood utilise l'équipement de Brakspear pour brasser les bières de cette dernière, dont les cuves de fermentation en bois « double drop » et la souche de sa levure.

Brakspear Bitter

BITTER 3,4 % VOL.
L'amertume initiale maltée et très houblonnée se développe en une finale fruitée douce-amère.

Brakspear Special

STRONG BITTER 4,3 % VOL.
De corps plein, avec un soupçon de saveur sucrée et d'amertume sèche et houblonnée précédant une finale fruitée et acidulée.

Brahma

Rua São Cristóvão, 1221,
São Cristóvão, Rio de Janeiro,
BRÉSIL
www.brahma.com

Les Portugais introduisirent la bière au Brésil au début du XIXe siècle, mais ce fut un immigrant suisse, Joseph Villager, qui le premier brassa la Brahma, en 1888. Baptisée en référence au dieu hindou, la Brahma connut un succès sans précédent, jusqu'à devenir l'une des bières les plus consommées au monde. La marque est aujourd'hui propriété de Anheuser-Busch InBev.

Brahma
LAGER 4,8 % VOL.
Discrète amertume, légère, subtils arômes fruités et absence d'arrière-goût.

Antarctica
LAGER 4,9 % VOL.
Peu colorée, amertume et arôme légers, pour cette lager facile à boire.

Braugold

Schillerstr. 7, 99096 Erfurt,
ALLEMAGNE
www.braugold.de

Fondée en 1822, la brasserie a racheté d'autres entreprises jusqu'en 1948, année de sa nationalisation par la RDA. Après la réunification en 1990, Braugold fut rachetée par l'entreprise Licher Privatbrauerei.

SECRET DE BRASSERIE Les brasseurs appliquent les recettes de la célèbre brasserie Thüringer.

Braugold Spezial

PILSNER 4,9 % VOL.
Présente la robe typiquement blonde et la saveur sèche d'une pilsner. Très aromatique, avec une amertume houblonnée équilibrée sur le palais.

Braugold Bock

BOCK 6,5 % VOL.
Arôme équilibré, amer et fort, caractéristique d'une bock.

Brewer's Art

1106 N. Charles Street, Baltimore,
Maryland 21201, **É.-U.**
www.thebrewersart.com

Implantée dans une grande maison de ville de 1902, dans la région de Mount Vermont, The Brewer's Art propose des bières domestiques d'inspiration belge et une remarquable sélection de bières européennes (essentiellement belges) dans une atmosphère chaleureuse. Depuis peu, l'entreprise brasse et embouteille certaines de ses bières sous contrat en Pennsylvanie.

Green Peppercorn Tripel

TRIPLE 10 % VOL.
Effervescente, vive. Fruitée et épicée, douceur de bonbon, notes de poivre, et finale s'asséchant progressivement.

Resurrection

DOUBLE 7 % VOL.
Caramel et fruits noirs sur le palais, avec des notes d'agrumes. La levure de la première cuvée « meurt » puis « ressuscite », d'où le nom.

BridgePort

1313 Northwest Marshall Street,
Portland, Oregon 97209, **É.-U.**
www.bridgeportbrew.com

BridgePort Brewing détient la marque de l'Oregon's Oldest Craft Brewery, et son India Pale Ale définit précisément le caractère des bières du Nord-Ouest américain. Malgré plusieurs extensions, la production demeure ciblée à Portland. Chaque mise en vente de l'Old Knucklehead, bière d'orge de saison, est dédiée à une personnalité locale.

India Pale Ale

INDIA PALE ALE 5,5 % VOL.
Immédiatement acidulée. Base de malt pur, avec des fruits délicats (pommes et pêches). Finale houblonnée complexe.

Black Strap Stout

STOUT 6 % VOL.
Riche mélange de mélasse de cuisine, de chocolat et de café, et amertume torréfiée sur la finale.

Brinkhoff

Lütgendortmunder Hellweg 242,
44388 Dortmund, **ALLEMAGNE**
www.brinkhoffs.de

Depuis ses débuts de petite brasserie artisanale, en 1844, Brinkhoff a connu plus de 160 ans de prospérité et est devenue une marque réputée bien au-delà de sa ville d'origine de Dortmund, l'une des capitales mondiales de la bière. La Brinkhoff's No. 1 est connue de tous les amateurs de pilsner spéciales de la région.

Brinkhoff's No. 1

PILSNER 5 % VOL.

Arômes amers typiques d'une pilsner. Homogene, légèrement effervescente, et à la robe blond-jaune.

Brinkhoff's Radler

BIÈRE MÉLANGÉE 2,5 % VOL.

Robe miel, effervescente et agréable, aux arômes acidulés, très désaltérante, peu sucrée.

ROUTE DE LA BIÈRE

OREGON, É.-U.

Le terme « Beervana » est souvent utilisé pour évoquer la brassiculture artisanale dans l'Oregon. Les opportunités en matière de tourisme de la bière abondent ; on pourrait passer des semaines à voyager sans jamais boire deux fois le même breuvage. Cette excursion de trois jours débute dans la ville portuaire de Newport, qui abrite la célèbre brasserie Rogue Ales. Le jour suivant, la balade mène en direction de Portland, avec des haltes touristiques, puis se termine par une journée entière dans la « Cité des roses ». Pour plus d'informations : http://oregonbeer.org.

1 JOUR 1 : **NEWPORT ET ROGUE ALES**

L'auberge de Rogue Ales est sur OSU Drive, en plein cœur du port de commerce de Newport. Cette ville offre beaucoup d'opportunités de logements en *Bed and Breakfast*. Rogue propose une formule *Bed and Beer*, à l'étage de l'auberge. C'est à l'auberge que s'effectuent les réservations pour l'une des visites guidées de la brasserie, qui débutent chaque jour à 15 heures. ***2320 OSU Drive, Newport (www.rogueales.com)***

2 JOUR 2 : **PELICAN PUB & BREWERY**

La route panoramique ralliant Newport à Pacific City (77 km) occupe facilement la matinée – vous arriverez au pub-brasserie Pelican à l'heure du déjeuner. L'établissement est situé sur la côte de Pacific City, où vous profiterez des paysages spectaculaires de Haystack Rock et Cape Kiwanda, prisés des photographes. ***33180 Cape Kiwanda Drive, Pacific City (www.pelicanbrewery.com)***

3 JOUR 2 : **GOLDEN VALLEY BREWERY & PUB**

L'agréable route en direction de McMinnville passe par Willamette Valley, l'une des premières régions viticoles du pays. Le pub-brasserie Golden Valley propose des bières vieillies en fûts de vin. ***980 East 4th St, McMinnville***

4 JOUR 3 : **PORTLAND**

Avec plus de 30 brasseries, il n'est pas étonnant que les habitants de Portland considèrent vivre dans le « Beervana ». Voici quelques adresses immanquables pour le 3e et dernier jour de l'excursion.

Hair of the Dog

Cette brasserie utilise du matériel à l'origine non destiné au brassage de la bière. Visites sur rdv. ***4509 SE 23rd Avenue, Portland (www.hairofthedog.com)***

Widmer

Le restaurant Gasthaus vous propose notamment la Alt, ancien produit phare avant que la Hefeweizen ne devienne une référence aux États-Unis. Visites guidées le vendredi et samedi. ***929 North Russell, Portland***

BridgePort

La plus ancienne brasserie de l'Oregon, a contribué à transformer le Pearl District en un quartier branché. ***1313 Northwest Marshall Street, Portland***

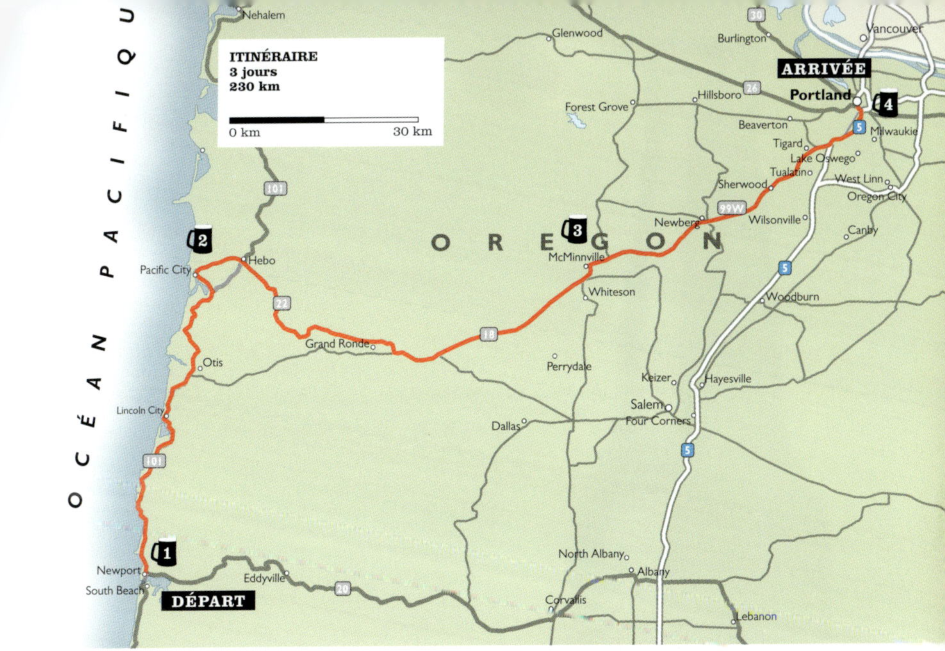

Higgins Brewpub
Greg Higgins utilise des produits locaux pour élaborer un menu réputé, qui se marie parfaitement avec les bières et les vins de l'Oregon. ***1239 SW Broadway, Portland***

Green Dragon Bistro and Pub
Ce nouveau venu sur la scène brassicole remporte un large succès notamment auprès d'une population branchée. Il propose une sélection permanente de bières originales, servies par un personnel savant. ***928 SE 9th Avenue, Portland***

Horse Brass Pub
Institution à Portland depuis 1976, le Horse Brass est un hommage au pub anglais et à la brassiculture de l'Oregon, dont il propose 52 bières à la pression. L'endroit est très fréquenté notamment la nuit. ***4534 SE Belmont Street, Portland***

Bristol

1647 South Tejon, Colorado Springs, Colorado 80906, **É.-U.**
www.bristolbrewing.com

Ouverte en 1994, Bristol Brewing, un centre brassicole avant-gardiste, expérimente le vieillissement dans différents types de fûts.

SECRET DE BRASSERIE L'entreprise a remporté plusieurs prix avec une bière brassée à partir de levure naturelle et d'un ferment lactique issu de framboises provenant du Cheyenne Canyon.

Winter Warlock

OATMEAL STOUT 6,5 % VOL.
Notes de guimauve grillée et chocolat, puis chocolat crémeux et saveurs grillées sur le palais.

Laughing Lab

SCOTTISH ALE 5,3 % VOL.
De corps moyen, avec des notes sucrées de caramel et une impression persistante de fumée. Meilleure à la pression.

Brøckhouse

Høgevej 6, DK-3400 Hillerød,
DANEMARK
www.broeckhouse.dk

Cette microbrasserie populaire et au développement rapide fut fondée en 2002 au nord de Copenhague. Allan Poulsen avait pour ambition de créer des bières différentes des pilsner danoises traditionnelles.

SECRET DE BRASSERIE Poulsen utilise des ingrédients de qualité et applique les méthodes brassicoles traditionnelles britanniques, allemandes et belges.

Brøckhouse IPA

INDIAN PALE ALE 6 % VOL.
Bière de fermentation haute brassée avec trois variétés de houblons. Complexité douce et équilibrée.

Brøckhouse Esrum Kloster

ABBEY ALE 7,5 % VOL.
Développée avec les moines de l'abbaye d'Esrum. Nez fort, saveur sucrée et épicée, soupçons d'anis, lavande, romarin et genièvre.

Brooklyn

1 Brewers Row, 79 North 11th Street, Brooklyn, New York 11211, **É.-U.**
www.brooklynbrewery.com

Si la brasserie Brooklyn Brewery rend hommage à l'histoire brassicole new-yorkaise, elle est bel et bien une entreprise moderne. Elle occupe l'un des premiers bâtiments commerciaux de la ville dont la totalité de la consommation d'électricité provient de l'énergie éolienne. Les bières en bouteilles sont produites sous contrat au nord de l'État, tandis que Garrett Oliver, maître brasseur et porte-parole estimé de l'entreprise, élabore égulièrement des bières de saison ainsi qu'une Reserve Series, vendue à la pression dans la région.

Brooklyner Weisse

HEFEWEIZEN 5,1 % VOL.

Effervescence et arômes de banane soutenus par des épices, du houblon et des notes de clou de girofle.

Brouwerij 't IJ

Funenkade 7, 1018 AL Amsterdam,
PAYS-BAS
www.brouwerijhetij.nl

Cette microbrasserie est le plus vieil établissement brassicole de la ville, bien qu'elle fût fondée en 1985. Les bières de fermentation haute de style belge composent la base de la production, omprenant aussi une pils et une witbier. Installé dans un ancien moulin à vent, le bar est comble en été, et sa terrasse est occupée par la clientèle bénéficiant des prix les plus bas d'Amsterdam.

Turbock

DOPPELBOCK 9 % VOL.
Chargée en douceur de fruits noirs et de mélasse, la saveur épicée typique de IJ ajoute une dimension inexistante dans les bock allemandes.

Columbus

STRONG ALE 9 % VOL.
Un équilibre de malt biscuité, citron, coriandre et houblons résineux et mentholés. Franche, non écrasante.

BrowArmia

Ul. Królewska 1,
Warszawa, 00-065, **POLOGNE**
www.browarmia.pl

Ouvert en 2005, ce joli pub-brasserie dégage une atmosphère dynamique – soirées bondées, conviviales, au volume sonore élevé. Les bières servies à la pression accompagnent des spécialités polonaises modernisées. Actuellement, six bières sont élaborées dans cette brasserie installée en cave, et six autres sont prévues.

Pszenciczne

PALE ALE 4,8 % VOL.

Proche d'une burton ale, fortement houblonnée lors du brassage, puis houblonnée à sec dans les cuves de stockage.

Raspberry Wheat Beer

BIÈRE DE FROMENT 5 % VOL.

Brassée dans le style bavarois, avec l'ajout de framboises fraîches. Aigreur acidulée et rafraîchissante.

Bucher Bräu

Elsenthaler Str. 5-7,
9441 Grafenau, **ALLEMAGNE**
www.bucher-braeu.de

Après s'être développée au centre de Grafenau, cette brasserie de taille moyenne fut réimplantée en 1982 au cœur de la forêt bavaroise. Elle appartient aux Bucher depuis 1863.

SECRET DE BRASSERIE Le trouble naturel de l'Hefeweizen est provoqué par la levure ajoutée lors de l'embouteillage.

Grafenauer Hefeweizen

BIÈRE DE FROMENT 5,2 % VOL.
Fraîche et effervescente. La légère saveur de levure est délicate et aromatique. Petite note sucrée

Helles

LAGER 4,9 % VOL.
Robe jaune clair. Légèrement amère, saveur sucrée raisonnable, et présence de houblons très fins. Finale plutôt forte, mais ronde.

Budels

Nieuwstraat 9,
6020 AA Budel, **PAYS-BAS**
www.budels.nl

Budels fait partie des rares brasseries néerlandaises produisant des bières de fermentation basse. Fondée en 1870, l'entreprise est gérée par la quatrième génération de la famille Aerts.

SECRET DE BRASSERIE Ces dernières années, Budels s'est tournée vers les bières de fermentation haute telles que la kölsch, l'altbier et une bière de style abbaye.

Budels Lager

PILS 5 % VOL.

L'arôme de houblon évoquant le pin est suivi par une saveur fruitée et doucement sucrée. Peut-être plus proche d'une helles que d'une pils.

Budels Capucijn

BIÈRE DOUBLE DE STYLE ABBAYE 6,5% ABV

Arômes sucrés de malt torréfié complétés par de l'amertume, des dattes et un soupçon de fumée.

Budweiser Budvar

Karolíny Světle 4, 370 21
České Budějovice,
RÉPUBLIQUE TCHÈQUE
www.original-budweiser.cz

Dans la ville de České Budějovice (Budweis), les débuts de la brassiculture remontent à 1265. Aujourd'hui, l'appellation Budějovicky (Budweiser) Budvar bénéficie d'une Protected Geographical Indication (comme le cognac et le jambon de Parme), mais aux États-Unis, où la Budweiser d'Anheuser-Busch est une marque déposée, elle est nommée Czechvar.

Budweiser Budvar / Czechvar

PREMIUM LAGER 5 % VOL.

Vivo, avec une mousse appétissante, une saveur fruitée florale marquée par le pamplemousse sur le nez et un palais de malt biscuité sec.

Czech Dark Lager

BIÈRE BRUNE 4,7% VOL.

Sa saveur de malt développe une note de cannelle, qui se transforme en une touche biscuitée.

Caldera

540 Clover Lane, Ashland,
Oregon 97520, **É.-U.**
www.calderabrewing.com

Fondée en 1997, Caldera bénéficie d'une véritable distribution depuis 2005, année où elle devint la première microbrasserie de l'Oregon à installer une petite chaîne de conditionnement en cannettes originales.

SECRET DE BRASSERIE Caldera se distingue par l'ajout de fleurs de houblon dans toutes ses bières.

IPA

INDIA PALE ALE 6,7 % VOL.
Forte impression de houblon, sans lourdeur toutefois. Agrumes et pin du départ à la finale.

Pilsener

PILSNER 5 % VOL.
Huit semaines de garde. Arôme floral, un soupçon de soufre au départ et une saveur fraîche et houblonnée se prolongeant sur la finale.

Caledonian

42 Slateford Road, Édimbourg,
EH11 1PH **ÉCOSSE**
www.caledonian-brewery.co.uk

La démarche brassicole de Caledonian est similaire à la dégustation de ses bières : les exigences s'affinent avec le temps. C'est l'unique brasserie encore en activité sur les 40 établissements jadis opérationnels à Édimbourg.

SECRET DE BRASSERIE Caledonian est l'une des dernières brasseries à utiliser des cuves en cuivre chauffées à feu direct.

Caledonian 80 Shilling

SCOTTISH HEAVY 4,2 % VOL.
Robe roux-brun, bière typiquement maltée, avec une épaisseur sous-jacente de framboise, et des notes évoquant le chocolat.

Deuchars IPA

INDIA PALE ALE 3,8 % VOL.
Arôme houblonné très vif, avec des notes acidulées et une saveur maltée stable.

Cantillon

Gheudestraat 56, B1070 Brussel-Anderlecht, **BELGIQUE**
www.cantillon.be

En 1900, la famille Cantillon possédait une entreprise de mélange de bière, dans l'ancienne banlieue sud de Bruxelles.
En 1970, Jean-Pierre Van Roy, marié à Claude Cantillon, reprit l'affaire. Il devint le plus fervent défenseur de la brassiculture traditionnelle. Son fils Jean prouve depuis une décennie que la brasserie n'est pas fermée à l'expérimentation, en utilisant notamment des houblons frais, voire des houblons « C-Hops » américains.

Cantillon Gueuze

LAMBIC BIOLOGIQUE 5 % VOL.
Nez d'agrumes, de cheval, de bois et de foin ; saveurs boisées, avec des fruits verts et du soufre ; aigre et acide en bouche.

Lou Pepe Framboise

BIÈRE FRUITÉE 5,5 % VOL.
Mélange de bière de lambic et solution sucrée pure. L'une des bières fruitées les plus intenses au monde.

Capital

7734 Terrace Avenue, Middleton,
Wisconsin 53562, **É.-U.**
www.capital-brewery.com

Capital Brewery est réputée pour ses bières de type allemand brassées dans les cuves en cuivre d'un ancien établissement allemand. Automnal Fire, par exemple, est un mélange de Doppelbock et d'Oktoberfest.

SECRET DE BRASSERIE Les céréales de l'Island Wheat sont cultivées sur une île du lac Michigan.

Munich Dark

LAGER BRUNE 5,4 % VOL.
Accents de malt, soupçons initiaux de caramel et noix. La richesse se développe avec les notes de chocolat-caramel.

Special Pilsner

PILSNER 4,8 % VOL.
Légère sur le palais, avec une note de miel. Arômes de fleurs et de houblons, finale houblonnée robuste.

Captain Lawrence

99 Castleton Street, Pleasantville, New York 10570, **É.-U.**
www.captainlawrencebrewing.com

Scott Vaccaro, propriétaire de la brasserie et maître brasseur, représente la nouvelle génération de brasseurs américains, issue d'une formation professionnelle en brassiculture suivie d'un apprentissage aux États-Unis et en Angleterre. Il est à l'avant-garde de l'expérimentation en ce qui concerne la maturation en fûts.

Xtra Gold

TRIPLE 9 % VOL.
Notes acidulées de houblons Northwest, fruits du verger juteux et douceur évoquant le bonbon.

Smoked Porter

PORTER 6,4 % VOL.
De la fumée au départ, équilibrée progressivement par des fruits noirs charnus, du chocolat et de la réglisse. Palais savoureux.

Caracole

86, Côte Marie-Thérèse, B5500
Falmignoul, **BELGIQUE**
www.brasserie-caracole.be

Fondée vers 1990, Caracole quitta Namur après quelques années pour s'installer dans ses locaux actuels. La brasserie décline ses bières en deux variantes : une version « conventionnelle », et une version « bio ». Caracole signifie « escargot » ; la production n'est pas précipitée, mais les bières jouissent d'un succès international.

Troublette Bio

WITBIER 5 % VOL.
Bière blanche belge 100 % bio, avec de la coriandre modérée, et une finale acidulée et désaltérante.

Nostradamus

DARK ALE BELGE 9,5 % VOL.
La bière la plus forte de Caracole est un mélange de notes torréfiées, fruitées, maltées et très alcoolisées.

Carib

Eastern Main Road,
Champs Fleurs,
TRINITÉ-ET-TOBAGO
www.caribbeer.com

Unique brasserie de Trinité depuis 1957, Carib s'est associée à InBev, Carlsberd et Diageo. La société possède également des brasseries à Grenade, à Saint-Christophe-et-Niévès. Les Britanniques développèrent la brassiculture à Trinité peu après la Première Guerre mondiale ; les goûts locaux tendent vers les lager sucrées et les stout assez fortes.

Carib Lager

LAGER 5,2 % VOL.

Pâle, de corps plein avec une mousse riche. Légèrement aromatique, équilibrée entre le doux et l'amer.

Carib Stag

LAGER 5,9 % VOL.

Lager de style européen. Robe blond-paille clair, avec une mousse épaisse. Très douce.

Cascade

131 Cascade Road, South Hobart,
Tasmanie 7004, **AUSTRALIE**
www.cascadebrewery.com.au

La plus ancienne brasserie australienne, dotée d'aires de maltage, est aussi celle dont l'architecture et la situation sont les plus surprenantes : le bâtiment en grès, construit comme un château, est niché au pied du mont Wellington. Elle appartient désormais à l'empire Foster, et accueille chaque année des dizaines de milliers d'amateurs de bière venus visiter le centre touristique.

Cascade Stout

MEDIUM STOUT 5,8 % VOL.
Note de café immédiate, chocolat au lait sur le palais, puis une finale modérément amère.

Cascade Blonde

BIÈRE D'ÉTÉ 4,8 % VOL.
Nette et vive, avec une légère saveur de houblon acidulé.

Castelain

13 rue Pasteur,
62410 Bénifontaine, **FRANCE**
www.chti.com

Fondée en 1926, cette brasserie familiale passa entre les mains d'Yves et Annick Castelain, enfants des propriétaires, en 1978. Sous le nom de *Ch'ti*, ils ont développé une gamme de lager fortes et suaves, bénéficiant d'une seconde période de fermentation longue et à froid.

Maltesse

PREMIUM LAGER 7,7 % VOL.
Blonde, riche et forte, avec une saveur d'orge et un soupçon d'amertume sur la finale.

Ch'ti Blonde

LAGER 6,4 % VOL.
De corps plein, avec juste assez d'amertume pour être vraiment rafraîchissante. Moelleuse et savoureuse.

Castle/SAB

65 Park Lane, Sandown,
Sandtona, **AFRIQUE DU SUD**
www.sablimited.co.za

SAB – South African Breweries – fut fondée en 1895. La production de la Castle Lager a débuté dans la ville minière de Johannesburg. La société est rapidement devenue le plus grand brasseur du sud de l'Afrique. En 2002, SAB racheta Miller Brewing aux États-Unis, et SABMiller est désormais l'une des plus grandes sociétés de boissons à l'échelle internationale.

Castle Lager

LAGER 5 % VOL.

Lager médaillée élaborée avec de l'orge African Gold et du houblon Southern Star. Elle est brassée dans 9 pays et vendue dans 40 pays.

Castle Milk Stout

MILK STOUT 6 % VOL.

Stout forte, brune, très houblonnée, à la saveur complexe de malts noirs torréfiés, de café et de caramel.

Cereuro – Cervejeira Europeia

Estrada da Portela n°8,
2795 – 643 Carnaxide, **PORTUGAL**
www.sumolis.pt

Appartenant au fabricant de boissons non alcoolisées Grupo Sumol, cette brasserie fut créée après la révolution de 1974, lors de la nationalisation du secteur brassicole. Elle fut privatisée dans les années 1990. La société élabore également la Magna, une bière brune de style allemand, et commercialise la Grolsch au Portugal.

Tagus

LAGER 5,4 % VOL.

Robe blond clair, saveur riche et maltée avec des touches de caramel. Son nez marqué par les esters esquisse une force alcoolisée et une finale réchauffante.

Cervesur

Av. De la Cultura 725, Cusco,
PÉROU

Basée au sud du Pérou, dans les Andes, la société d'origine allemande brasse depuis 1898 et appartient désormais à SABMiller. Elle a fusionné récemment avec une autre société de SABMiller, Backus & Johnson. Sa marque principale, Cusqueña, est la lager la plus vendue au Pérou.

SECRET DE BRASSERIE L'eau de brassage est issue d'une source andéenne d'altitude.

Cusqueña

LAGER 5 % VOL

Prononcez « Cus-Ken-Ya ». Vive et rafraîchissante, avec un arôme citronné persistant.

Cē su Alus

Aldaru laukums 1, Cesis,
4101 **LETTONIE**
www.cesualus.lv

Créée en 1879, cette brasserie est la plus ancienne du pays, et l'une des plus grandes. En 1999, elle fut rachetée par le brasseur estonien A. Le Coq. Elle dispose d'une salle de brassage récente et prévoit de nouveaux investissements. La ville est réputée pour sa fête de la bière, ses tournois de chevaliers et ses représentations théâtrales en plein air.

Cē su Premium

LAGER 5,2 % VOL.
Robe blond pâle, soupçons sucrés de gazon et nez de houblon.

Cē su Balsam Porter

PORTER 6 % VOL.
Saveur sucrée de chocolat, soupçons de vanille aromatique. En Lettonie, le baumier (balsam) est couramment utilisé pour aromatiser les boissons.

Chimay

8 route Charlemagne,
B6464 Baileux, **BELGIQUE**
www.chimay.com

L'embouteillage se fait à Baileux, mais la brasserie est toujours implantée dans l'abbaye de Forges-les-Chimay. Les moines y brassent la bière depuis 1861, mais c'est avec père Théodore, qui avait étudié la brassiculture à l'université de Louvain, que Chimay est devenue une brasserie trappiste. La brasserie est devenue indispensable à l'économie de la région.

Grande Réserve/Bleue

STRONG ALE BELGE 9 % VOL.

Malts torréfiés, amertume dominante, fruits noirs et mûrs (prunes, raisins noirs) et des poires.

Chimay Tripel

BIÈRE D'ABBAYE 8 % VOL.

Saveur sucrée évoquant le raisin, avec une amertume de houblon et des qualités d'herbe aromatique, presque comme un vin blanc sec.

La Choulette

18 rue des Écoles,
59111 Hordain, **FRANCE**
www.lachoulette.com

Fondée en 1885, cette ferme brasserie est une des rares encore en activité parmi les milliers d'établissements installés dans la région à la fin du XIXe siècle. Alain Dhaussy, l'actuel brasseur, est parvenu à créer des bières artisanales de grande qualité, dans le respect des traditions du nord de la France, mais avec un sens prononcé de l'innovation.

Choulette Framboise

BIÈRE FRUITÉE 6 % VOL.

Désaltérante, avec une légère aigreur. La note de framboise est présente mais pas imposante.

Porte Du Hainaut Ambrée

ALE AMBRÉE 7 % VOL.

Bière fruitée de corps moyen, avec des saveurs de pommes cuites, de poires et de caramel, et une légère amertume.

Coopers

461 South Road, Regency Park,
Adélaïde, Australie-Méridionale
5010, **AUSTRALIE**
www.coopersbrewery.com.au

Au xxe siècle, tandis que la plupart des brasseries australiennes se spécialisèrent dans la production de lager, cette brasserie familiale continua de brasser ses ales et ses stout troubles et conditionnées en bouteilles. Depuis l'ouverture d'une nouvelle brasserie en 2001, générant une forte hausse de la demande, Coopers est devenue le troisième producteur de bière du pays.

Coopers Sparkling Ale

PALE ALE AUSTRALIENNE 5,8 % VOL.
Robe trouble, arômes de fruits avec un soupçon de pêches, finale ronde, sèche, marquée par la levure.

Coopers Extra Stout

DRY STOUT 6,4 % VOL.
Notes d'expresso et de chocolat amer, avec des soupçons de bananes, finale robuste et amère.

Coors

311 10th Street, Golden,
Colorado 80401, **É.-U.**
www.coors.com

Malgré la fusion avec Molson et le partenariat avec SABMiller, Coors ne cesse de développer des bières hors du commun. La gamme Blue Moon rivalise avec les plus grandes marques artisanales, et la brasserie SandLot, située au sein du complexe de base-ball Coors Field à Denver, produit en permanence de remarquables lager traditionnelles.

Blue Moon Belgian White

WITBIER 5,4 % VOL.

Nez sucré et acidulé, épicé avec des notes de céleri. Aigreur évoquant le froment avec une finale plutôt sucrée.

Barmen Pilsner

PILSNER 5 % VOL.

La mousse produit une jolie volute. Riche en houblons Saaz, florale et épicée. Notes agréables de céréales, et finale longue et amère.

Cornelyshaff

Maison 37,9753 Heinerscheid,
LUXEMBOURG
www.cornelyshaff.lu

Située dans un parc naturel, Cornelyshaff comprend un bar très fréquenté, un restaurant, un hôtel et une brasserie ouverte au public. L'établissement est moderne, impeccable et de faible consommation énergétique – il se fait un point d'honneur de minimiser son impact environnemental. Le bar et le restaurant proposent les bières et d'autres produits des fermes voisines.

Ourdaller Waïssen Tarwebier

WITBIER 4,6 % VOL.
Bière de froment trouble non filtrée, de caractère franc et riche en épices.

Kornelysbéier

BIÈRE DE SEIGLE 4,2 % VOL.
L'arôme épicé mène à une saveur forte, profonde et terreuse donnée par l'ajout de seigle.

Crailsheimer Engelbräu

Haller Str. 29, 74564 Crailsheim,
ALLEMAGNE
www.engelbier.de

Quand la brasserie fut créée en 1738 par Georg Fach, Crailsheim comptait 4000 habitants et 13 brasseries. Fach ignorait alors que son entreprise serait l'une des plus prospères du pays.

SECRET DE BRASSERIE Une enquête sur les goûts des femmes en matière de bière donna naissance à la marque First Lady.

First Lady

DUNKLER BOCK 5,9 % VOL.
Modérée, légèrement amère,
et avec un arôme malté harmonieux.

Kellerbier Dunkel

DUNKEL 5,3 % VOL.
Belle robe acajou, arômes de malt et de levure ; de corps plein, avec une saveur à la fois sucrée et très agréablement amère.

Creemore Springs

139 Mill Street, Creemore,
Ontario, L0M 1G0, **CANADA**
www.creemoresprings.com

La reprise de la brasserie par Molsons en 2005 a eu peu de conséquence sur l'indépendance de cette entreprise vieille d'un siècle. La ville de Creemore est située entre deux fleuves. Chaque année au mois d'août, la brasserie sponsorise le Copper Kettle Festival organisé au centre de la ville. Des visites du site de production sont régulièrement organisées.

Premium Lager

LAGER 5 % VOL.

Les saveurs douces de malt et de fruits mènent à des touches de noix et à une finale sèche et houblonnée.

Urbock

BOCK 6 % VOL.

Brun foncé, texture sucrée marquée par les noix ; arômes de fruits se développant au fur et à mesure que la bière se réchauffe dans le verre.

Darmstädter

Goebelstr. 7, 64293 Darmstadt,
ALLEMAGNE
www.darmstaedter.de

La brasserie est implantée près de la gare de Darmstadt – ce qui explique le choix du logo, utilisé depuis 1847, et la présence d'une locomotive à vapeur animée sur le site Internet.

SECRET DE BRASSERIE En 2000, la brasserie dota toutes ses bouteilles d'un système de bouchon mécanique avec clip.

Darmstädter Pilsner

PILSNER 4,8 % VOL.

Bière nette et raffinée. Grande quantité de houblons fins donnant le caractère typique d'une pilsner : fraîche et sèche, avec un arôme amer.

Darmstädter 1847 Zwickelbier

LAGER 4,8 % VOL.

Trouble et non filtrée, avec de subtils arômes de malt fin et une saveur homogène de levure.

Darwin

Sunderland, Tyne-et-Wear,
SR1 2QE **ANGLETERRE**
www.darwinbrewery.com

L'organisation de cette brasserie est unique : son activité commerciale est assortie d'une brasserie de test implantée à l'université de Sunderland. Là, les étudiants en brassiculture peuvent tester jusqu'à 40 nouvelles bières par jour ; les meilleures sont produites sur le site de la brasserie, déjà récompensée par des prix.

Darwin's Evolution

BITTER 4 % VOL.
Légère, nette et satisfaisante, avec un caractère sec et houblonné et des couches de malt omniprésentes.

Ghost Ale

BITTER 4,1 % VOL.
Blonde et richement houblonnée, avec des arômes d'agrumes dominants suivis par une saveur piquante fruitée bien équilibrée.

Deschutes

901 Southwest Simpson Avenue,
Bend, Oregon 97702, **É.-U.**
www.deschutesbrewery.com

À l'origine pub-brasserie créé en 1988, Deschutes développa un site de production indépendant qui devint l'une des plus grandes brasseries artisanales du pays. En plus de la commercialisation de bières houblonnées singulières dans l'ouest des États-Unis, Deschutes maintient la gestion du pub-brasserie d'origine à Bend, et a ouvert un second établissement à Portland. Sa gamme Bond Street Series, rassemblant des bières spéciales élaborées « au pub », a contribué à renforcer sa notoriété.

Mirror Pond

PALE ALE 5,2 % VOL.

Pamplemousse et fleurs fraîches au départ. Notes de biscuits sur le palais.

Inversion IPA

INDIA PALE ALE 6,8 % VOL.

Arômes de houblons (zeste d'orange). Le malt franc et biscuité se maintient face à l'amertume vivifiante.

Desnoes and Geddes

214 Spanish Town, Kingston,
JAMAÏQUE
www.jamaicadrinks.com

Appartenant au géant Diageo, Desnoes and Geddes fut fondée en 1918 par deux amis, Eugene Desnoes et Thomas Geddes, qui commencèrent par produire des boissons non alcoolisées et se tournèrent vers la brassiculture en 1927 avec le lancement de la Red Stripe.

SECRET DE BRASSERIE La Red Stripe fut inspirée d'une ale anglaise ; elle n'eut de succès qu'à partir du moment où elle fut qualifiée de lager fraîche.

Dragon Stout

STOUT SUCRÉE 7,5 % VOL.
Sucrée lors de l'embouteillage, elle présente une saveur maltée avec des notes distinctes de mélasse.

Red Stripe

LAGER 4,7 % VOL.
Robe jaune, arôme céréalier, saveur vive et nette, meilleure servie très fraîche.

Dětenice

Pivovar Dětenice, 507 24 Dětenice,
RÉPUBLIQUE TCHÈQUE
www.krcmadetenice.cz

Cette brasserie située dans un château ferma ses portes en 1955 après plusieurs années de nationalisation, puis réouvrit en 2000.

SECRET DE BRASSERIE Les bières sont brassées dans des cuves chauffées à feu direct et sont filtrées dans de la paille, fermentées dans des cuves de bois, puis stockées dans des fûts de chêne.

Svetlé Detenické Pivo 12°

PREMIUM LAGER 4 % VOL.

Corps très structuré, aromatique et floral ; influences de malt et de miel, et arrière-goût houblonné.

Tmavé Detenicke Pivo 13°

BIÈRE BRUNE 4 % VOL.

Lager brune de corps typiquement plein, avec quelques épices, et légèrement amère sur la finale.

Diebels

Brauerei-Diebels-Str. 1,
47661 Issum, **ALLEMAGNE**
www.diebels.de

De 1878 à 2001, Diebels fut une entreprise privée, puis elle fut rachetée par le géant InBev. La Düsseldorfer Alt est la marque la plus célèbre de l'entreprise, et est commercialisée dans toute l'Allemagne. D'autres marques plus récentes ont été produites, dont une pilsner et un mélange de bière et de cola nommé Dimix.

Diebels Alt

ALTBIER 4,9 % VOL.

Les arômes de malt torréfié s'harmonisent avec une saveur de caramel sucré ; légère amertume finale donnée par les houblons.

Diebels Pils

PILSNER 4,9 % VOL.

Corps plein, légère amertume et arômes maltés typiques d'une pilsner, comme la robe blond foncé.

Dinkelacker-Schwabenbräu

Tübinger Str. 46, 70178 Stuttgart,
ALLEMAGNE
www.ds-kg.de

Carl Dinkelacker fut le premier à brasser de la pilsner à Stuttgart à la fin du XIXe siècle ; son confrère Robert Leicht fut le premier à livrer la bière en véhicule motorisé. Aujourd'hui, leurs brasseries sont associées et forment la plus grande entreprise brassicole de Bade-Wurtemberg.

Dinkelacker Privat

LAGER 5,1 % VOL.

Une lager délicate, homogène et blond clair, à l'arôme modéré de houblons avec une note de malt.

Dinkelacker CD-Pils

PILSNER 4,9 % VOL.

Pilsner noble et sèche avec de forts arômes de houblons et de malts légers ; très harmonieuse et agréable.

Distelhäuser

Grünsfelder Str. 3, 97941
Tauberbischofsheim, **ALLEMAGNE**
www.distelhaeuser.de

La famille Bauer est propriétaire de cette brasserie depuis 1876. Elle est située sur la célèbre « route romantique » traversant Tauberbischofsheim, étroitement associée à l'époque romantique allemande. L'attention portée à la qualité de ses produits vaut à la brasserie un succès de longue date.

Distelhäuser Landbier

EXPORT 5,1 % VOL.

Arôme malté et saveur légère de caramel ; note sucrée modérée, et finale ronde. Parfois qualifiée de « bière des femmes »

Distelhäuser Pils

PILSNER 4,9 % VOL.

Couverte d'une mousse blanche, cette bière a une harmonieuse amertume et un arôme de houblon.

Dithmarscher

Oesterstr. 18, 25709 Marne,
ALLEMAGNE
www.dithmarscher.de

Cette brasserie implantée sur la côte est du Schleswig-Holstein est en activité depuis plus de 230 ans. Cette petite brasserie s'est développée mais a conservé une fabrication artisanale.

SECRET DE BRASSERIE L'effervescence provient de la méthode de fermentation sous pression, et de l'ajout d'acide carbonique sec et frais.

Dithmarscher Dunkel

DUNKEL 4,9 % VOL.

Cette bière présente un caractère agréable et de corps plein, ainsi qu'une saveur épicée avec des notes de torréfaction. Robe typique : acajou foncé.

Dithmarscher Pils

PILSNER 4,8 % VOL.

Bière modérée et épicée, à la robe blond jaune, effervescente.

Dixie

2401 Tulane Avenue, Nouvelle-Orléans, Louisiane 70119, **É.-U.**
www.distinguished-brands.com/dixie.php

La Dixie Brewery, entreprise centenaire, était la dernière représentante d'une brassiculture autrefois florissante à La Nouvelle-Orléans. Certaines bières sont vieillies en fûts de cyprès. Mais en 2005, l'ouragan Katrina (et les pillards) ont ravagé la brasserie. La réouverture n'est pas annoncée ; en attendant, les bières sont brassées à la Minhaus Craft Brewery dans le Wisconsin.

Blackened Voodoo
SCHWARZBIER 5 % VOL.
En 1991, cette lager noire fut brièvement interdite au Texas en raison de la référence faite au vaudou sur l'étiquette. Lisse et de corps léger pour une bière du Sud, avec des notes de caramel et de chocolat omniprésentes.

Döbler

Kornmarkt 6, 91438 Bad Windsheim, **ALLEMAGNE**
www.brauhaus-doebler.de

En 2007, la brasserie Döbler a fêté son 140e anniversaire. Jusqu'en 1950, la production est restée artisanale, puis l'entreprise s'est tournée vers la création de bières nécessitant un équipement à la technologie de pointe.

SECRET DE BRASSERIE Depuis 1986, l'orge utilisée est issue du développement durable.

Land Märzen

MÄRZEN 5,4 % VOL.

Légère, à la robe jaune foncé, avec une saveur agréable, modérément sucrée, mais de corps plein et avec une agréable finale de levure.

Reichsstadtbier

KELLERBIER 5 % VOL.

De corps plein, non filtrée et trouble, avec une saveur de levure. Disponible à la pression.

Dogfish Head

6 Cannery Village Center, Milton,
Delaware 19968, **É.-U.**
www.dogfish.com

Dogfish Head connaît un succès national. Les bières sont développées à partir de recherches archéologiques et de recettes comportant des ingrédients singuliers – de la chicorée ou du piment. La brasserie a récemment installé les plus grandes cuves de brassage en bois des États-Unis depuis la prohibition. Dogfish gère toujours le pub-brasserie de Rehoboth Beach, où Calagione a débuté l'aventure en 1995.

Midas Touch

BIÈRE HISTORIQUE 9 % VOL.

Les ingrédients (raisin muscat blanc, miel et safran) créent divers niveaux de saveurs mêlés d'une acidité subtile.

60 Minute IPA

INDIA PALE ALE 6 % VOL.

Brassée avec des houblons Warrior, Amarillo et « Mystery Hop X ». Déborde de saveurs acidulées.

De Dolle Brouwers

Roeselarestraat 12B,
B8600 Esen, **BELGIQUE**
www.dedollebrouwers.be

Avec le rachat et la rénovation en 1980 de l'ancienne brasserie Costenoble à l'extrême ouest de la Belgique, Kris Herteleerand et ses deux frères initièrent sans le savoir la révolution nationale de la microbrasserie. La réputation de la brasserie dépassa bientôt les frontières, grâce notamment à l'ambition et à l'énergie des « brasseurs fous ». « La qualité est le secret » est la devise de Kris – le seul des trois brasseurs encore en activité.

Arabier

PALE STRONG ALE BELGE 8 % VOL.
Bière houblonnée sèche et acidulée, se bonifie avec l'âge et acquiert de la puissance.

Oerbier

DARK ALE BELGE 9 % VOL.
Saveur fruitée. Caractère très vineux, évoquant le raisin, et fort en alcool.

Double Maxim

Hughton-le-Spring,
Sunderland, **ANGLETERRE**
www.dmbc.org.uk

Après plusieurs années de sous-traitance pour la fabrication de la bière au nom éponyme de l'entreprise, une brasserie fut ouverte en 2007 pour satisfaire la demande.

SECRET DE BRASSERIE La Double Maxim est élaborée selon une recette de la brasserie Vaux, utilisée par le brasseur Jim Murray lorsqu'il y travailla en 1968.

Double Maxim

BROWN ALE 4,7 % VOL.
L'arôme de caramel se poursuit sur les saveurs douces amères, puis se développe en notes de toffee.

Samson

BEST BITTER 4,6 % VOL.
Une bitter fiable du nord-est de l'Angleterre, avec une bouffée de houblon et un corps influencé par le malt.

Dreher

Magladi ut 17, Budapest, **HONGRIE**
www.dreher.hu

Pendant de nombreuses années, cette brasserie fut dirigée par Anton Dreher, l'un des brasseurs les plus novateurs. Au milieu du XIXe siècle, ce dernier mit au point une technique de fermentation de la bière à basse température et élabora une bière ambrée maltée, la lager viennoise. Dreher fut surnommé « le Roi de la bière ». La société appartient désormais à SABMiller.

Dreher Classic

PILSNER 5,5 % VOL.

Arôme vif et frais, bière amère à la robe blond-jaune, avec un arôme de houblon et un soupçon de malt.

Dreher Bak

DUNKLER BOCK 7,3 % VOL.

Bière brune riche et de corps plein, avec des notes de caramel et de malt, évoquant le chocolat doux-amer.

Dubuisson

28 chaussée de Mons,
B7904 Pipaix-Leuze, **BELGIQUE**
www.br-dubuisson.com

Leuze abrite trois brasseries, dont deux à Pipaix. Dubuisson est probablement la plus dynamique, et sa situation près d'un grand axe a contribué au succès de la brasserie. Elle excelle dans la production de bières à forte teneur en alcool, il est donc recommandé d'user de la plus grande modération lors de la dégustation.

Bush Prestige

STRONG ALE BELGE 13 % VOL.

Cette bière vieillie en fûts de chêne est une variante de l'Ambrée. Merveille d'équilibre, malgré une force impressionnante.

Bush Ambrée

STRONG ALE BELGE 12 % VOL.

Nommée Scaldis sur certains marchés, c'est une bombe alcoolisée, traîtresse tant elle est accessible.

Ducato

Via Strepponi 50/A, 43010 Roncole Verdi di Busseto (PR), **ITALIE**
www.birrificiodelducato.it

Le brasseur Giovanni Campari fonda cette microbrasserie en 2007, non loin du lieu de naissance de Giuseppe Verdi, tout près de Parme. Dès le départ, il fit preuve de talent et brassa quatre bières au caractère ample. De nouvelles gammes confirment que Ducato est l'une des brasseries artisanales italiennes les plus prometteuses.

New Morning

SAISON 5,6 % VOL.

Bière de saison épatante, aromatisée à la camomille. Accessible au palais et désaltérante, notes de terre.

AFO

PALE ALE AMÉRICAINE 5,2 % VOL.

AFO – Ale For the Obsessed (« Bière pour les fadas ») – est destinée aux amateurs de houblons. Arômes de fruits acidulés et notes de caramel.

Duck-Rabbit

4519 W Pine Street, Farmville,
Caroline du Nord 27828, **É.-U.**
www.duckrabbitbrewery.com

Réputée pour ses bières intenses, Duck-Rabbit est devenue une petite brasserie florissante depuis que la législation de Caroline du Nord autorise la production de bières à plus de 6 %. Le logo s'inspire d'une illustration de Ludwig Wittgenstein.

SECRET DE BRASSERIE Ces brasseurs originaux affirment : « Nous fredonnons à la levure. »

Baltic Porter

BALTIC PORTER 9 % VOL.

Caramel, cassis et autres fruits noirs parfaitement équilibrés. Homogène, avec une amertume modérée.

Milk Stout

STOUT 5,7 % VOL.

Association homogène de grains de café torréfiés et de chocolat, rassemblés par un palais crémeux. Modérément sucrée.

Dugges Ale & Porterbryggeri

Möbelgatan 3, SE-43133 Mölndal,
SUÈDE
www.dugges.se

Cette brasserie fut fondée en 2005 par Mikael Dugge Engström. Sa gamme de bières comprend la Gothenburg, associant les traditions ancestrales suédoises à l'influence britannique et américaine, ainsi que l'Express Yourself, une série de bières spéciales aux noms originaux tels que Holy Cow (une IPA) et Fuggedaboudit ! (une brown ale).

Dugges Avenyn Ale

PALE ALE AMÉRICAINE 5 % VOL.
Arômes de houblons, de fleurs et d'agrumes, saveurs de raisins et de pin et un soupçon de caramel.

High Five!

INDIAN PALE ALE 7,5 % VOL.
Robe ambré foncé. Arôme intense de houblon, notes de confiture de fraise, de pin et de chocolat, et une amertume sèche.

Dupont

Brasserie Dupont, 5 Rue Basse,
B7904 Tourpes-Leuze, **BELGIQUE**
www.brasserie-dupont.com

Le sol riche du Hainaut occidental permit le développement de grandes exploitations agricoles, qui se tournaient en général vers la brassiculture en hiver. Elles élaboraient de la bière qui serait bue au cours de l'été. À l'origine, l'entreprise Dupont était juste une brasserie, mais Olivier Dedeycker, son propriétaire, a renoué avec l'histoire de la région en reprenant l'activité agricole et la fabrication du fromage sur le site de la brasserie.

Avec Les Bons Vœux

BIÈRE D'HIVER 9,5 % VOL.

Les arômes de terre et de basse-cour se mêlent au zeste de citron. Saveur céréalière : pain blanc frais aux noix, épices et huile de noix.

Saison Dupont

BIÈRE DE SAISON 6,5 % VOL

Autrefois brassée en hiver, dans l'esprit des mois chauds d'été, d'où ce breuvage sec, léger et désaltérant.

BRUXELLES, BELGIQUE

« B » comme Belgique, Bruxelles et Bière. Aujourd'hui, les bières belges sont dégustées dans le monde entier, mais le meilleur endroit pour apprécier la brassiculture belge demeure Bruxelles et ses bars et brasseries pittoresques.

1 TOONE

Le Beer Temple (56 rue Marché-aux-Herbes) est l'une des meilleures boutiques de bière au monde. Il propose la plupart des bières artisanales belges. À côté, une ruelle étroite mène au Toone, un théâtre de marionnettes avec bar. Les murs de ce lieu magique sont ornés de marionnettes curieuses et l'ambiance est aussi délectable que la Kwack qui y est servie – dans le verre approprié bien sûr.

6 impasse Schuddevelde, 21 petit-rue des Bouchers, Bruxelles

2 LA GRAND-PLACE

La célèbre Grand-Place de Bruxelles abrite l'imposante Maison des brasseurs qu'occupent l'Union des brasseurs belges et le musée de la Brasserie. La place est entourée de pubs, mais de meilleures adresses se situent un peu plus loin. En septembre, un festival annuel de la bière se déroule ici.

3 POECHENELLEKELDER

Ce bar est en face d'une des attractions touristiques les plus improbables au monde, le célèbre Manneken-Pis. Très apprécié des Bruxellois, le pub propose une carte de 90 bières de grande qualité – une introduction parfaite au monde des bières belges.

5 rue du Chêne, Bruxelles

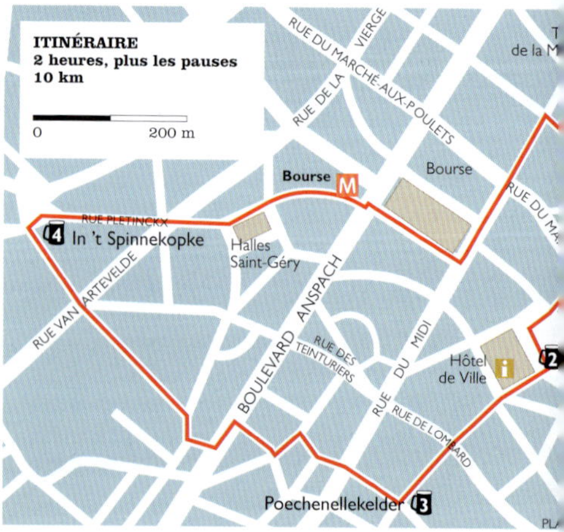

4 IN'T SPINNEKOPKE

Un peu à l'écart de la place, la « petite tête d'araignée » est un établissement étroit et chaleureux composé d'un restaurant à deux bars et d'un café. Probablement l'une des meilleures tables de la ville. Le chef Jean Rodriguez vous aiguille avec talent dans le choix de la bière à associer au plat choisi. Pourquoi demander du vin si l'on peut arroser une assiette de moules d'un lambic pression? ***1 place du Jardin-aux-Fleurs, Bruxelles***

5 DELIRIUM

L'Îlot Sacré est un quartier médiéval animé, bordé de restaurants aux menus tape-à-l'œil et aux serveurs insistants. Le pub Delirium est situé en bas de l'une de ces ruelles. Le service se fait au bar, qui se targue de posséder un stock de plus de 2 000 bières. ***4a impasse de la Fidélité, Bruxelles***

6 MORT SUBITE

Bâties en 1846, les Galeries Royales Saint-Hubert forment un passage commercial couvert. Elles mènent au pub La Mort Subite – dans le style art nouveau, le bar est réputé pour être l'un des plus beaux exemples de long comptoir datant de la Belle Époque. C'est le lieu idéal pour déguster un lambic ou une gueuze de fermentation sauvage avec une tête pressée (fromage de tête) ou un kip kap (joue de cochon). ***7 rue Montagne-aux-Herbes-Potagères, Bruxelles***

7 BIER CIRCUS

En haut de la côte partant de la gare centrale se situe le Bier Circus. Ce bar chaleureux et animé est l'endroit idéal pour dénicher les produits des nombreuses brasseries artisanales belges caractérisées par leur diversité et leur innovation. Emmenez un ami, car la plupart des bières sont servies en bouteille de 75 cl. La bière est meilleure en bonne compagnie ! ***89 rue de l'Enseignement, Bruxelles***

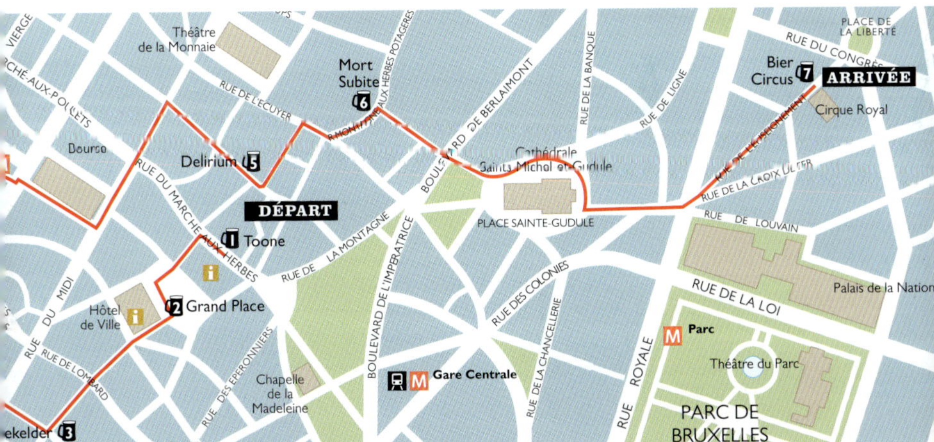

Duvel Moortgat

Breendonkdorp 58-66, B2870
Breendonk-Puurs, **BELGIQUE**
www.duvel.be

À l'origine petite brasserie familiale, Moortgat a poursuivi le brassage de bière de haute fermentation à l'époque où la lager dominait le marché. La bière Moortgat a évolué ensuite vers la célèbre Duvel, devenue si populaire que l'entreprise adopta son nom. Moortgat possède aujourd'hui des brasseries en Belgique et à l'étranger.

Duvel

STRONG ALE BELGE 8,5 % VOL.
Parfois sous-titrée « red » pour éviter la confusion avec la version filtrée. Bière ultra-sèche dissimulant sa puissance avec élégance.

Maredsous 8°

BIÈRE D'ABBAYE BRUNE 8 % VOL.
Le meilleur produit de la gamme Maredsous Abbey. Riche en esters, notes fruitées et feuilles de tabac.

Duyck

113 route Nationale, 59144 Jenlain,
FRANCE
www.duyck.com

Duyck fut fondée en 1922 pour produire des bières de garde dans le style du nord de la France – brassées et embouteillées en hiver pour être consommées en été. Dans les années 1950, la famille se mit à conditionner les bières dans des bouteilles de champagne recyclées. Raymond Duyck, l'actuel directeur, représente la quatrième génération de la famille.

Jenlain Ambrée

ALE AMBRÉE 7,5 % VOL.

Corps plein, avec un soupçon d'amertume. Moelleux du malt grillé et arômes de prunes rôties et de caramel. Parfaite en accompagnement d'un bon repas, cette bière constitue également un ingrédient de base dans des plats traditionnels tels que la carbonade.

Echigo

3970 Fukui, Nishiura-ku, Niigata City, Niigata 953-0076, **JAPON**
www.echigo-beer.jp

Les producteurs du saké Tsurukame de Niigata ouvrirent la première microbrasserie japonaise en février 1995. Le pub-brasserie d'origine s'est largement développé en une grande brasserie dotée d'une chaîne de conditionnement en canettes. Ces bières en canettes sont appréciées, mais les quelques produits en bouteilles, plus chers, sont davantage prisés.

Echigo Pilsener

PILSNER 5 % VOL.

Cette bière artisanale présente une saveur maltée riche, une amertume modérée
et une finale nette et brève.

Echigo Stout

STOUT 7 % VOL. (5 % AUPARAVANT)

Le brassage de plus haute densité et plus soigné produit une bière marquée par une habile interaction de saveurs torréfiées et riches.

Eel River

1777 Alamar Way, Fortuna,
Californie 95540, **É.-U.**
www.eelriverbrewing.com

Eel River n'existait que depuis cinq ans lorsqu'elle devint la première brasserie certifiée biologique aux États-Unis en 2005. En 2007, le pub-brasserie fut doté d'un site de production près de Scotia, dans un moulin désaffecté. L'énergie de la nouvelle brasserie est produite par biomasse – déchets du moulin tels que les copeaux de bois ou la drêche issue du brassage.

Organic Porter

PORTER 6,3 % VOL.

Maltée et crémeuse avec des arômes et des saveurs de chocolat, et des notes de café torréfié. Robuste.

Triple Exultation

OLD ALE 9,7 % VOL.

Non biologique. Nez complexe de caramel épais et de fruits, puis les houblons évoquant le pin s'affirment.

Eggenberg

Eggenberg 1, A-4655 Vorchdorf,
AUTRICHE
www.schloss-eggenberg.at

Schloss Eggenberg est un petit château situé en Haute-Autriche, et où la bière est brassée depuis 500 ans. Une vaste gamme de lager (dont une sans alcool) est produite pour le marché local, et certaines bock sont destinées à l'exportation, dont une urbock et une version blonde de la bière Samichlaus, traditionnellement brune.

Samichlaus

DOPPELBOCK 14 % VOL.

Arôme de malt, avec une note d'alcool inévitable. Sucrée et fruitée (cerises séchées, figues et prunes), et avec un caractère houblonné.

Hopfenkönig

PILSNER 5,1 % VOL.

Très pâle, mousse ferme et arômes de houblon épicé évoquant le foin. Corps léger, amertume sèche.

Eggenberg

Latrán 27, 38115, Ceský Krumlov,
RÉPUBLIQUE TCHÈQUE
www.eggenberg.cz

Fait unique de l'histoire : en Bohême, deux villes fusionnèrent suite à des querelles au sujet de la bière. Le long conflit sur les privilèges de la bière de froment fut résolu en unissant les villes voisines de Latran et Ceský Krumlov, et en fondant une seule brasserie. Avec le temps, la brasserie est passée de la famille Eggenberg à Schwarzenberg, jusqu'à son propriétaire actuel, Dionex.

Eggenberg Světlý Ležák

PREMIUM LAGER 5 % VOL.
Très florale, avec des notes sucrées de caramel ; ferme, acidulée, et savoureusement équilibrée jusqu'à la finale amère.

Eggenberg Tmavý Ležák

BIÈRE BRUNE 4,2 % VOL.
Brune et profonde, avec un parfum houblonné, puis un palais doux-amer de caramel malté.

Einbecker

Papenstr. 4, 37574 Einbeck,
ALLEMAGNE
www.einbecker.com

D'après la légende, Martin Luther aurait déclaré en 1521 que la bière Einbecker était sa préférée. En 1612, les ducs de Bavière engagèrent un maître brasseur originaire d'Einbeck, dont la bière fut ultérieurement qualifiée de « bock », déformation du mot « Einbeck ».

Ur-Bock Hell

BOCK 6,5 % VOL.

Les malts clairs et les houblons fins confèrent à cette bock classique une saveur généreuse.

Einbecker Spezial

EXPORT 5,2 % VOL.

Présente la robe typiquement jaune-blond d'une export. Dégage une saveur délicate, légèrement sucrée.

Emerson's Brewery

14 Wickliffe Street, Dunedin,
NOUVELLE-ZÉLANDE
www.emersons.co.nz

La microbrasserie la plus récompensée de Nouvelle-Zélande propose un catalogue de bières produites toute l'année et des bières spéciales telles que la Taieri George, une dark ale épicée, et une pale ale américaine brassée avec des houblons américains.

SECRET DE BRASSERIE La Bookbinder Bitter n'est disponible qu'en pression.

Emerson's Old 95

BARLEY WINE 7 % VOL.
Bière robuste, avec du malt riche évoquant le caramel et des houblons résineux. Le vieillissement en cave lui est bénéfique.

Emerson's Organic Pilsner

NEW WORLD PILSNER 4,9 % VOL.
Abonde en fruits de la Passion et en agrumes. Une vitrine pour la variété de houblon néo-zélandaise Riwaka.

Erdinger

Lange Zeile 1+3, 85435 Erding,
ALLEMAGNE
www.erdinger.de

Il s'agit de la plus grande brasserie de bière de froment et la plus spécialisée au monde. La plus lointaine référence à une brasserie à Erding remonte en 1886, mais le nom Erdinger Weissbräu n'est utilisé que depuis 1949.

SECRET DE BRASSERIE Les brasseurs utilisent de l'eau de source ainsi que des houblons de la région de Hallertau.

Erdinger Pikantus

DARK WEIZENBOCK 7,3 % VOL.
Habituellement, la bock de froment est sucrée, mais ce n'est pas le cas chez Erdinger.

Erdinger Schneeweisse

BIÈRE DE SAISON 5,6 % VOL.
Plus brune et plus ronde qu'une weizen traditionnelle. Disponible entre octobre et février.

Everards

Castle Acres, Narborough,
Leicestershire, LE19 1BY
ANGLETERRE
www.everards.co.uk

William Everard brassa sa première bière en 1849. Son objectif, poursuivi par la cinquième génération de la famille, était : « Il ne faut pas manquer d'efforts pour produire une ale authentique de première qualité. »

SECRET DE BRASSERIE Les houblons Fuggles et Goldings sont les variétés majeures utilisées à la brasserie.

Tiger

BITTER 4,2 % VOL.
Un certain arôme de houblon épicé ainsi que du caramel sur le nez. Palais typiquement doux-amer, avec une saveur de caramel ronde.

Original

STRONG BITTER 5,2 % VOL.
Robe cuivrée, corps plein, arôme de caramel grillé laissant place à des saveurs de porto et de fruits.

Exmoor

Wiveliscombe, Somerset,
TA4 2NY **ANGLETERRE**
www.exmoorales.co.uk

Exmoor fit partie de la première vague de microbrasseries au début des années 1980. L'entreprise ne s'est jamais détournée de ses principes : recherche du savoir-faire, innovation et adhésion aux méthodes de brassage par petites cuvées. Exmoor est la plus grande brasserie du Somerset et ses marques de base recèlent encore un fort potentiel à exploiter.

Exmoor Gold

BITTER 4,5% VOL

Houblon puissamment terreux, citron et arômes de malt juteux. Saveur fruitée, douceur de caramel et finale mémorable.

Exmoor Ale

BITTER 3,8 % VOL

De corps moyen, avec un arôme de malt et de houblon, et un arrière-goût houblonné amer.

Fantôme

8 rue Préal, B5454 Soy-Erezée,
BELGIQUE
www.fantome.be

Dany Prignon ouvrit cette microbrasserie dans une grange des Ardennes. Aujourd'hui, la brasserie exporte ses bières dans de nombreux pays, mais a conservé son site de production initial.

SECRET DE BRASSERIE Relevant moins de la brassiculture que de l'art, la plupart des bières Fantôme ne sont jamais brassées de la même façon.

Fantôme

BIÈRE DE SAISON 8 % VOL

Bière blonde de base de la brasserie : fruitée, lactée, variable, dans le style d'une bière de saison.

Black Ghost

STRONG DARK ALE BELGE 8 % VOL

L'une des plus fréquentes sur le marché : maltée, avec une profondeur de fruit, ainsi que des saveurs de cyprès et de pin.

Fässla

Obere Königstr. 19-21,
96052 Bamberg, **ALLEMAGNE**
www.faessla.de

En 1649, Hans Lauer, maître brasseur, fonda cette brasserie à Bamberg. L'année 1986 marqua un tournant dans l'histoire de la brasserie, car la famille Kalb reprit la gestion de l'entreprise. Les bières de spécialité de Fässla sont très réputées dans la région.

SECRET DE BRASSERIE
La Bambergator est la bière la plus forte de Bamberg.

Lagerbier

LAGER 5,5 % VOL.
Robe jaune prononcée et belle mousse compact ; effervescente. De corps plein, et légèrement maltée avec une amertume modérée.

Bambergator

DOPPELBOCK 8,5 % VOL.
Doppelbock brune, de corps plein, et très forte, regorgeant d'amertume houblonnée équilibrée.

Faust

Hauptstr. 219, 63897 Miltenberg,
ALLEMAGNE
www.faust.de

Entreprise typiquement familiale, la brasserie existe depuis 350 ans ; au cours des 200 premières années de son histoire, elle a changé à plusieurs reprises de propriétaire. La famille Faust, propriétaire actuel, la racheta en 1895. Elle produit différents styles de bière, dont certains ont été récompensés.

Schwarzviertler

DUNKEL 5,2 % VOL.
Brune, torréfiée et légèrement fumée. On distingue aussi du caramel et une légère amertume de chocolat sur la langue.

Faust Kräusen

KELLERBIER 5,5 % VOL.
Bière modérée, de corps moyen, avec une légère note de miel ; très fraîche.

Felinfoel

Llanelli, Carmarthenshire,
SA14 8LB **PAYS DE GALLES**
www.felinfoel-brewery.com

Située sur les berges du fleuve Lliedi et reposant sur le passé industriel du sud du pays de Galles – et sur la soif de ses ouvriers –, la brasserie Felinfoel existe depuis 1878. Elle est réputée pour avoir produit la première bière britannique en cannette en 1935. Dans les années 1970, elle bénéficia de travaux de modernisation, mais est néanmoins demeurée une entreprise familiale.

Double Dragon

BITTER 4,2 % VOL.

Robe riche appétissante, saveur maltée et subtilement houblonnée, uniformément équilibrée et ronde.

Cambrian Bitter

BITTER 3,9 % VOL.

Étiquetée *« good honest Welsh bitter »*, à la saveur ronde et avec des arômes de malt et de houblon équilibrés.

Fiege

Moritz Fiege, Scharnhorststr. 21-25, 44787 Bochum, **ALLEMAGNE**
www.moritzfiege.de

« Nous sommes une brasserie régionale classique », déclara le directeur de l'entreprise, Hugo Fiege. Il considère sa brasserie comme une ambassadrice de la région de la Ruhr. Institution locale, elle propose des bières régionales – les habitants de la Ruhr aiment leurs bières. Rien ne laisse présager qu'un géant mondial puisse un jour racheter Fiege.

Moritz Fiege Pils

PILSNER 4,9 % VOL.
Pilsner classique avec des arômes amers de bons houblons, une saveur légèrement maltée, et une structure sèche raffinée.

Schwarzbier

SCHWARZBIER 4,9 % VOL.
Raffinée, avec une douceur maltée, cette bière à la robe café dégage de légers arômes amers de houblons fins.

Finlandia

Suokulmantie 237, Matku,
Forsaa FI-31110, **FINLANDE**
www.finlandiasahti.fi

Finlandia est spécialisée dans le brassage de la *sahti*, un breuvage finlandais élaboré avec du seigle et d'autres céréales, et aromatisé avec des baies et des brindilles de genièvre. Les amateurs peuvent y goûter à Helsinki, au pub St Urho et au restaurant Savotta, la meilleure époque étant la « Sahti Week » d'Helsinki, qui se déroule au mois de mai.

Sahti Strong

SAHTI 10 % VOL.

Sucrée et quelque peu grasse sur le palais ; le nez de genièvre mène à un arrière-goût de chewing-gum.

Tavallinen

SAHTI 8 % VOL

Robe châtaigne profond, nez empli de genièvre et un soupçon de cassis.

Flensburger

Munketoft 12, 24937 Flensbourg,
ALLEMAGNE
www.flensburger.de

Cette brasserie fut fondée en 1888 par cinq habitants de Flensbourg. Dans les années 1970, sa réputation prit de l'ampleur lorsqu'un comédien fit référence à une *Flasch Flens* dans sa pièce. Le terme fut ensuite utilisé pour désigner les bières en bouteilles Flensburger, qui à l'époque étaient les seules en Allemagne à être fermées par un bouchon mécanique avec clip.

Flensburger Pils

PILSNER **4,8 % VOL.**
Pilsner blonde typique – maltée, désaltérante, et avec des arômes houblonnés amers sur la finale.

Kellerbier

KELLERBIER **4,8 % VOL.**
Ambrée et trouble. Corps plein et saveur naturellement fraîche, légèrement sucrée, avec une finale sèche.

Flossmoor Station

1035 Sterling Avenue, Flossmoor, Illinois 60422, **É.-U.**
www.flossmoorstation.com

Les brasseurs Matt Van Wyk et Andrew Mason ont perpétué la tradition initiée par Todd Ashman à Flossmoor Station Brewing, consistant à faire vieillir la bière en fûts de chêne. Dans le pub implanté dans une ancienne gare, ils proposent une large gamme de bières plusieurs fois distinguées par des prix. La brasserie produit aussi une petite gamme de bières en bouteilles.

Pullman Brown Ale

BROWN ALE 7 % VOL.

Brassée à partir de malts torréfiés à la main et de mélasse. Mélange de chocolat, de caramel et de fruits noirs.

De Wilde Zuidentrein

SOUR ALE 7 % VOL.

Bière brune de type flamand, vieillie un an en fûts de chêne ayant contenu du vin, sur lit de framboises fraîches, et enrichie en levures sauvages.

Flying Dog

2401 Blake Street, Denver,
Colorado 80205, **É.-U.**
www.flyingdogales.com

Avec des étiquettes de l'illustrateur britannique Ralph Steadman et l'esprit « gonzo » véhiculé par feu Hunter S. Thompson (deux amis du fondateur George Stranahan), Flying Dog n'est pas une brasserie classique. Le pub-brasserie, créé à l'origine à Aspen, a aujourd'hui son siège à Denver, tandis que le site de production a été transféré à Frederick, dans le Maryland, en 2008.

Gonzo Imperial Porter

PORTER 9 % VOL.

Notes de rhum, de chocolat, presque sucrées, puis cacao sec et amertume franche du houblon.

Doggie Style Pale Ale

PALE ALE 5,3 % VOL.

Parfum de fruits frais au départ. Les agrumes accentuent la saveur fruitée en milieu de bouche, équilibrée par un malt biscuité. Finale sèche et nette.

Flying Fish

1940 Olney Avenue, Cherry Hill,
New Jersey 08003, **É.-U.**
www.flyingfish.com

Flying Fish Brewing débuta son activité sur le plan international puis réduisit son champ d'action au niveau local. Fondée en tant que « brasserie virtuelle » sur Internet, elle se concrétisa en brasserie régionale en 1996. Ses produits sont vendus dans un rayon de 160 km autour de son site dans le South Jersey. La brasserie a depuis élargi la gamme de ses bières.

Belgian Style Dubbel

DOUBLE 7 % VOL.
Le chocolat se mêle aux fruits noirs, avec une agréable bouffée d'alcool. Finale sèche quoique sucrée.

ESB Ale

EXTRA SPECIAL BITTER 5,5 % VOL.
Accents de malt, riche en caramel, caractère fruité, et notes de noix sous-jacentes. Houblons américains modérés.

Forstner

Dorfstrasse 52, A-8401 Kalsdorf
bei Graz, **AUTRICHE**
www.hofbraeu.at

Comptant parmi les nouveaux brasseurs les plus audacieux, Gerhard Forstner a fait une incursion dans le domaine des bières de style belge et américain. Sa brasserie est implantée dans une ancienne ferme qui, au cours de l'histoire, a aussi hébergé une école. Certaines bières sont approuvées par le mouvement Slow Food et sont vendues lors des festivals.

Styrian Ale

BITTER ALE 5,6 % VOL.
Robe bourgogne, arômes de fruits (pamplemousse ?) et de torréfaction, légèrement aigre et rafraîchissante, avec une amertume moyenne.

Triple 22

TRIPLE DE STYLE BELGE 9,5 % VOL.
Robe cuivrée, mousse ferme, arômes d'asiminier et de mangue. Sucrée, corps plein, finale épicée et amère.

Freeminer

Cinderford, Gloucestershire,
GL14 3JA **ANGLETERRE**
www.freeminer.com

Freeminer était le titre attribué aux mineurs de la forêt de Dean ayant acquis le droit de gérer leur propre mine. Il existe encore des mines de ce type, dont Freeminer honore la tradition.

SECRET DE BRASSERIE Ces bières sont brassées à partir de variétés de malt traditionnelles et de houblon Worcestershire.

Speculation

STRONG BITTER 4,8 % VOL.
La douceur initiale de chocolat laisse place à une ruée de houblon et à une saveur maltée épaisse.

Freeminer Bitter

STRONG BITTER 4,8 % VOL.
Nettement amère et abondamment houblonnée, équilibrée par un caractère malté caractérisant la perspicacité de cette recette.

Freiberger

Am Fürstenwald, 09599 Freiberg,
ALLEMAGNE
www.freiberger-bier.de

Cette brasserie fut la première à produire une pilsner en Saxe. D'autres bières inédites suivirent : la Freiberger Silberquell en 1903, et une bière de froment en 1909. La brasserie Eichbaum de Mannheim a racheté Freiberger dans le but d'en faire l'une des brasseries les plus modernes d'Allemagne.

Jubiläums-Festbier

MÄRZEN 5,8 % VOL.

Avec des arômes de malt et une saveur très raffinée de houblons, cette bière ambrée est agréable et de corps plein.

Schwarzes Bergbier

SCHWARZBIER 4,7 % VOL.

Très brune, arômes frais et maltés. Corps plein, avec un équilibre soigné entre malts et houblons.

F

Friedenfels

Schlossbrauerei Friedenfels,
Gemmingenstr. 33, 95688
Friedenfels, **ALLEMAGNE**
www.schlossbrauerei-friedenfels.de

Cette brasserie est située dans le sud de la plus grande forêt d'Europe, entre la forêt du Haut-Palatinat et le Fichtelgebirge. Friedenfels est la brasserie majeure de la région.

SECRET DE BRASSERIE L'eau des sources pures du parc national contribue depuis plus d'un siècle à l'excellence des bières Friedenfels.

Friedenfelser Pils Leicht

BIÈRE DE FROMENT LÉGÈRE 2,8 % VOL.
Faible teneur en alcool, bière blonde et plutôt sèche, avec des arômes houblonnés délicats sur la finale.

Friedenfelser Weizen Leicht

BIÈRE DE FROMENT LÉGÈRE 2,7 % VOL.
Bière fermentée en bouteilles. Saveur d'un mélange de houblons amers, d'orge et de froment sucrés – caractéristique de ce style de bière.

Freistädter

Promenade 7, A-4240 Freistadt,
AUTRICHE
www.freistaedter-bier.at

La brasserie appartient aux habitants de la commune de Freistadt, non loin de la frontière tchèque. Depuis 1777, chaque propriétaire d'un bien immobilier situé à l'intérieur des remparts de la vieille ville possède systématiquement un certain nombre de parts dans la brasserie ; ces parts peuvent être uniquement vendues avec le bien immobilier.

Rauchbier

LAGER FUMÉE 5,3 % VOL.

Robe ambrée pâle, nez fumé ; sèche et aromatique, avec un bel équilibre entre le malt fumé et le houblon.

Ratsherrn Trunk

EXPORT 5,1 % VOL.

Mousse ferme et corps plein. Faible amertume houblonnée, avec un soupçon de gazon sur l'arrière-goût.

Füchschen

Ratinger Str. 28, 40213 Düsseldorf,
ALLEMAGNE
www.fuechschen.de

Depuis 1848, l'altbier est la bière de prédilection de la brasserie Füchschen. Depuis 1995, quelques changements ont eu lieu, dont le renouvellement du matériel de brassage.

SECRET DE BRASSERIE En février, le carnaval de Düsseldorf est l'occasion de déguster l'altbier.

Füchschen Alt

ALTBIER 4,5 % VOL.

Robe acajou. Düsseldorfer typique maltée, avec un arôme intense de houblons. Légèrement gazéifiée et fraîche.

Silberfüchsen

BIÈRE DE FROMENT 5,4 % VOL.

Typique du nord de l'Allemagne. Bière homogène, fruitée et effervescente.

Fuller's

Chiswick Lane South, Londres,
W4 2QB **ANGLETERRE**
www.fullers.co.uk

Implantée dans l'ancienne brasserie Griffin de Chiswick depuis 1845, Fuller's est la dernière brasserie familiale traditionnelle de Londres. La bière est brassée depuis 350 ans sur ce site. Malgré sa réputation mondiale, Fuller's garde l'esprit d'une petite entreprise brassicole et une nature formidablement dynamique. Ses bières ont reçu de nombreuses distinctions, notamment la Campaign For Real Ale Champion Beer of Britain, à cinq reprises.

London Pride

BITTER 4,1 % VOL.
Nez malté de fruit sucré, houblons floraux épicés, et notes sous-jacentes de marmelade.

ESB

EXTRA STRONG BITTER 5,5 % VOL.
Arômes complexes, avec une saveur orangée typiquement Fuller's, complétant des houblons acidulés et du malt torréfié.

Full Sail

506 Columbia Street, Hood River, Oregon 97031, **É.-U.**
www.fullsailbrewing.com

Cette entreprise représente la brassiculture moderne américaine. Fondée en 1987, Full Sail opta pour l'actionnariat des salariés en 1999. La bière qu'elle produit reflète son indépendance. Les bières de base (amber, india pale ale et pale ale) connaissent un large succès dans 15 États.

SECRET DE BRASSERIE La brasserie propose également des bières de saison portant l'étiquette LTD *(Living the Dream)* ainsi qu'une gamme plus audacieuse de bières Réserve du brasseur.

Amber

AMBER ALE 5,5 % VOL.
Agrumes et épices, vite équilibrés par une saveur sucrée sous-jacente. Constamment homogène, finale nette.

Session Lager

LAGER AMÉRICAINE 5,1 % VOL.
Conçue comme un retour aux bières produites avant la prohibition, assortie d'un emballage rétro. Nette, aux accents de malt.

Fürstenberg

Postplatz 1-4, 78166
Donaueschingen, **ALLEMAGNE**
www.fuerstenberg.de

Le comte Heinrich I von Fürstenberg obtint en 1283 l'autorisation de brasser de la bière, mais le site de production ne fut construit que 300 ans plus tard. Au début du xxe siècle, l'entreprise était une brasserie importante.

SECRET DE BRASSERIE Les bières sont faites avec de l'eau venant de la Forêt-Noire et de la levure de Donaueschingen.

Fürstenberg Gold

LAGER 4,9 % VOL.
Homogène, avec quelques arômes houblonnés. Blond clair, plus sucrée que la lager habituelle.

Fürstenberg Hefe Dunkel

DUNKEL 5,4 % VOL.
Robe châtaigne, effervescente, harmonieuse, avec un arôme malté et une douceur légère de caramel, toutefois forte en bouche.

Fürstlichen Ellingen

Schloss-Strasse 19, 91792 Ellingen, **ALLEMAGNE**
www.fuerst-carl.de

Carl Friedrich Fürst von Wrede, le propriétaire, est un descendant direct de Carl Philipp, prince de Wrede, maréchal de Napoléon. La brasserie, implantée face au château, fut fondée en 1690, mais ses origines sont plus anciennes. Depuis environ 200 ans, la bière est nommée Fürst Carl.

Fürst Carl Josefi Bock

BOCK 7 % VOL.
Bière crémeuse, maltée et de corps plein, avec une texture veloutée et soyeuse.

Fürst Carl Urhell

LAGER 4,6 % VOL.
La robe jaune clair est typique d'une lager. Saveur agréable, modérément sèche, avec une note sucrée très discrète.

Galbraith's

2 Mt Eden Road, Mt Eden,
Auckland, **NOUVELLE-ZÉLANDE**
www.alehouse.co.nz

Situé dans une ancienne bibliothèque, ce premier pub-brasserie proposant des « real ale » en Nouvelle-Zélande est réputé pour ses ales de style anglais brassées sur place, et soutirées à la main. La clientèle peut aussi déguster une bière de style abbaye et deux lager riches en saveurs, ainsi qu'une gamme raffinée de bières produites par d'autres brasseurs du pays.

Bellringers Bitter

BEST BITTER ANGLAISE 4,5 % VOL.
Robe cuivrée, palais biscuité évoquant le caramel, abondance de houblons terreux, et finale sèche appétissante.

Bob Hudson's Bitter

BITTER ANGLAISE 4 % VOL.
Bitter de dégustation, savoureuse, s'inscrivant dans la veine de la pale ale anglaise Landlord de Timothy Taylor.

Gayant

63 Faubourg de Paris,
59500 Douai, **FRANCE**
www.brasseurs-gayant.com

Fondée en 1919, cette brasserie familiale indépendante s'est toujours placée à l'avant-garde des nouveaux styles de bières, de ses breuvages issus de fermentation haute, à la Celta, la première bière sans alcool.

SECRET DE BRASSERIE Les brasseurs de Gayant élaborent la bière française la plus forte, la Bière du démon (12 % vol).

La Goudale

ALE 7,2 % VOL.
7,2 % vol.
Blonde, dense, riche en arômes de malt, avec une légère amertume donnée par les houblons flamands.

Amadeus

BIÈRE DE FROMENT 4,5 % VOL.
Blond clair et trouble, légère et désaltérante, avec des arômes d'agrumes et de coriandre.

Gilde

Hildesheimer Str. 132,
30173 Hanovre, **ALLEMAGNE**
www.gildebrau.de

Il y a environ 500 ans, Cord Broyhan présentait sa bière à Hanovre. Pendant des siècles, la Broyhan fut largement consommée dans la ville. Gilde, la plus ancienne brasserie en activité de Hanovre, fut fondée en 1870. Elle est aujourd'hui la propriété d'InBev.

SECRET DE BRASSERIE Une version moderne de la Broyhan est vendue aux États-Unis.

Ratskeller Premium Pils

PILSNER 4,9 % VOL.
Pilsner sèche, blond-jaune, de corps plein. Amertume houblonnée typique et finale agréable.

Lindener Special

EXPORT 5,1 % VOL.
L'export la plus réputée de Basse-Saxe a une robe blonde. Saveur agréable, notes homogènes de levure florale en bouche.

Girardin

Lindeberg 10-12,
1700 Chapelle-Saint-Ulric,
BELGIQUE
www.brouwerijgirardin.com

Girardin est à la fois une ferme et une brasserie, et ce producteur authentique de lambic et de gueuze n'a pas de temps à consacrer aux visiteurs curieux. En revanche, si vous vous y rendez pour vous approvisionner en lambic – les habitants locaux et les assembleurs le font –, les brasseurs se feront un plaisir de vous présenter leurs breuvages, élaborés par fermentation spontanée.

Faro Girardin

LAMBIC MÉLANGÉ 5 % VOL.

Arômes de caramel, de viande et de bois ; notes légèrement aigres autour du caramel. Filtrée, car la levure nuirait aux sucres du sirop.

Girardin Fond Gueuze

GUEUZE 5 % VOL.

Cette savoureuse gueuze non filtrée est marquée par une saveur de pamplemousse.

Glaab

Frankfurter Str. 9, 63500
Seligenstadt, **ALLEMAGNE**
www.glaabsbraeu.de

La brasserie appartient à la famille Glaab depuis plus de 250 ans. Fondée en 1744, elle a bâti sa réputation sur une large gamme de bières, ainsi que sur Vitamalz, la plus grande marque allemande de boissons maltées pures. Elle est la seule entreprise privée de la région d'Offenbach, au sud de Francfort-sur-le-Main.

1744

KELLERBIER 5,3 % VOL.
Cette bière ambrée et trouble est le produit le plus récent de Glaab. Saveur typique de malt fin.

Dunkles

DUNKEL 5,3 % VOL.
Bière de robe ambrée claire, dominée par l'amertume légère des houblons. Dunkel exceptionnelle avec une agréable finale maltée.

Goose Island

1800 West Fulton Street, Chicago,
Illinois 60612, **É.-U.**
www.gooseisland.com

La gamme de bières proposée par la brasserie reflète le programme MBA (Master of Beer Appreciation) établi peu après sa création en 1988, en tant que pub-brasserie. En 1995, à l'ouverture du site de production, Greg Hall, maître brasseur, élabora des dizaines de styles différents au cours d'une année. Goose Island continue de produire ses bières au pub d'origine à Clybourn, ainsi que dans un autre établissement près de Wrigley Field, tous deux proposant une « MBA ».

India Pale Ale

INDIA PALE ALE 5,9 % VOL.

Ananas et pamplemousse, saveur de houblon, avec structure fruitée et maltée équilibrant l'amertume.

312 Urban Wheat

BIÈRE DE FROMENT AMÉRICAINE 4,2 % VOL.

Non filtrée et trouble, avec un nez de houblon acidulé. Aigrelette, fruitée, avec une texture crémeuse sous-jacente.

Gourmet-bryggeriet

Bytoften 10-12,
DK-4000 Roskilde, **DANEMARK**
www.gourmetbryggeriet.dk

L'une des plus grandes microbrasseries danoises, la « Brasserie Gourmet » élabore des bières spéciales conçues pour être associées à la gastronomie. La brasserie est associée à un chef cuisinier qui travaille avec un restaurant local pour créer des recettes adaptées à la bière conditionnée en bouteilles de 66 cl. La société a récemment racheté la brasserie Ølfabrikken.

Ølfabrikken Porter

PORTER 7,5 % VOL.

Noire comme la nuit, avec une mousse épaisse et dense. Corps intense composé de notes de café, de chocolat et de réglisse.

Gourmetbryggeriet Bock

DOPPELBOCK 7,2 % VOL.

Robe roussâtre, arôme lourd de malt et de caramel soutenant le corps puissant.

Great Divide

2201 Arapahoe Street, Denver,
Colorado 80205, **É.-U.**
www.greatdivide.com

Fondée en 1994, Great Divide Brewing s'est rapidement forgé une réputation grâce à ses bières équilibrées. Ces bières ont évolué, tant au niveau de leur force que de leur caractère houblonné, renforçant le succès de la marque, mais conservent néanmoins leur harmonie subtile. La brasserie est située non loin de Coors Field, foyer de l'équipe de base-ball Rockies.

Hibernation Ale

OLD ALE 8,1 % VOL.

Nez complexe et terreux, chargé de chocolat, de noix torréfiées et de biscuits secs à la mélasse sortis du four. Les saveurs sont persistantes.

Titan IPA

INDIA PALE ALE 6,8 % VOL.

Équilibrée, large, au corps abondant de caramel, houblons omniprésents évoquant le pin et le pamplemousse.

Great Lakes

2516 Market Avenue, Cleveland,
Ohio 44113, **É.-U.**
www.greatlakesbrewing.com

Cette brasserie a toujours mis un point d'honneur à suivre la qualité de ses produits jusque chez les revendeurs. Le pub d'origine, ouvert en 1988, fait face à la brasserie, créée en 1998. Les visiteurs sont dirigés vers le surprenant bar en érable tigré, où ils peuvent admirer des impacts de balles prétendument formés par Eliot Ness, agent « incorruptible » de la prohibition et responsable de l'arrestation d'Al Capone.

Edmund Fitzgerald Porter

PORTER 5,8 % VOL.
Bien équilibrée, chocolat-moka omniprésent, fraîcheur savoureuse, et finale sèche évoquant le café.

Eliot Ness

LAGER VIENNOISE 6,2 % VOL.
Franche et houblonnée dans le style viennois, avec une saveur maltée crémeuse évoquant les noix, et du houblon vivifiant bien équilibré.

Green Flash

1430 Vantage Court, Vista,
California 92081, **É.-U.**
www.greenflashbrew.com

L'expression Green Flash fait référence à un phénomène lumineux rare et furtif, qui se produit au lever ou au coucher du soleil au-dessus de l'eau.
Le nom est approprié à cette brasserie dont la réputation se développe à l'échelle nationale, notamment grâce à ses bières aux accents de houblon.
Le brasseur Chuck Silva est toutefois adepte d'une large gamme de styles.

West Coast IPA

INDIA PALE ALE 7 % VOL.

Houblons Northwest équilibrés par une base maltée ferme. Terreuse, florale, acidulée, évoquant pin et pamplemousse, et dotée d'amertume.

Nut Brown Ale

BROWN ALE 5,5 % VOL.

Sombre, avec noix et cacao en attaque. Chocolat et caramel sur le palais. Houblon terreux et discret.

Greene King

Bury St Edmunds, Suffolk,
IP33 1QT **ANGLETERRE**
www.greeneking.co.uk

En 200 ans, Greene King est devenue une incroyable force au sein du secteur brassicole britannique très compétitif. Benjamin Greene ouvrit cette brasserie en 1799 qui fusionna, en 1887, avec la rivale King Brewery. Au cours de ces dernières années, l'entreprise a racheté plusieurs de ses concurrents – Morland, Ruddles, Ridley's et Hardy & Hanson, et les a fermés. Belhaven, de Dunbar, fut l'une des plus récentes acquisitions, en 2005.

Abbot Ale

STRONG BITTER 5 % VOL.
Arôme de malt biscuité et de houblon épicé, et un palais malté et fruité doux-amer.

IPA

INDIA PALE ALE 3,6 % VOL.
Robe nettement cuivrée, avec une saveur houblonnée fraîche et distincte, et un subtil nez malté un peu sucré.

Grünbach

Kellerberg 2, 85461 Bockhorn,
ALLEMAGNE
www.schlossbrauerei-gruenbach.de

Grünbach a connu de nombreux propriétaires, dont les célèbres brasseries Paulaner et Erdinger. Alexander Noll est actuellement à la tête de l'entreprise.

SECRET DE BRASSERIE La Benno Scharl, bière de froment, porte le nom d'un maître brasseur bavarois du XVIIIe siècle, auteur d'un célèbre traité sur les techniques de brassage.

Altweizen Gold

BIÈRE DE FROMENT 5,3 % VOL.
Robe blond clair. Équilibre agréable entre levure et acide carbonique. Fraîcheur sèche, légèrement effervescente.

Benno Scharl

BIÈRE DE FROMENT 5,3 % VOL.
Jaune et trouble, avec de la levure. Saveur modérée et sucrée, agréable et très équilibrée.

Guinness

St James's Gate, Dublin 8, **IRLANDE**
www.guinness.com

Pour verser une Guinness dans les règles de l'art, il faut précisément 119,5 secondes, c'est dire si la bière est peu banale. Guinness, c'est la stout, l'Irlande et sa culture, mais la brasserie est aussi résolument tournée vers l'innovation en physique et en chimie, dans le conditionnement et la publicité. Deux cent cinquante ans après le premier moût d'Arthur Guinness, la bière est brassée dans 50 pays du monde entier, et dégustée dans 150 pays.

Guinness Original

STOUT 4,2 % VOL.

L'arôme de café et de crème de la version embouteillée rehausse les fruits, le chocolat et une saveur houblonnée finale.

Foreign Extra Stout

SPECIAL STOUT 7,5 % VOL.

Arôme de houblon aromatique, avec des saveurs de pain grillé brûlé, de malt riche, de café amer et de réglisse.

Haake-Beck

Am Deich 18/19, 28365
Brême, **ALLEMAGNE**
www.haake-beck.de

Fondée en 1826, Haake-beck est une célèbre brasserie du nord de l'Allemagne. La création de la Kräusen Pils et celle de la première Maibock en 1950 ont marqué l'histoire de la brasserie. Elle appartient désormais à InBev.

SECRET DE BRASSERIE Le pendant de la Haake-Beck est la Beck, exportée dans le monde entier par InBev.

Haake-Beck 12

EXPORT 5 % VOL.

La nouvelle Haake-Beck. Bière harmonieuse, blonde, avec une saveur sucrée généralement appréciée par les femmes.

Edel Hell

LAGER 4,7 % VOL.

Variante modérée de la pilsner : moins sèche, légèrement sucrée et blonde comme une lager habituelle.

Haandbryggeriet

Thornegaten 39,
N-3015 Drammen, **NORVÈGE**
www.haandbryggeriet.net

Cette petite brasserie est réputée pour ses bières artisanales et la perpétuation de la brassiculture traditionnelle. Installée dans un bâtiment en bois vieux de deux siècles, elle est gérée par des bénévoles et prône l'expérimentation.

SECRET DE BRASSERIE La bière est vieillie dans des fûts de chêne ayant contenu du vin et dans d'anciens fûts d'Akevitt.

Dark Force

STOUT DE FROMENT 9 % VOL.
Brassée avec du froment, du malt noir et de la levure de froment. Arôme houblonné et amertume ample.

Norwegian Wood

BIÈRE DE FERMENTATION HAUTE TRADITIONNELLE 6,5 % VOL.
Élaborée avec des malts Munich, chocolat et cristal fumés ; parfumée au genièvre et aux baies locales.

Hacker-Pschorr

Hochstr. 75, 81541 Munich,
ALLEMAGNE
www.hacker-pschorr.de

Hacker-Pschorr est l'une des brasseries les plus traditionnelles à Munich. Son restaurant est une attraction touristique, notamment pendant l'Oktoberfest. La plus vieille référence faite au brassage dans cet établissement date de 1417.

SECRET DE BRASSERIE La brasserie respecte la loi sur la pureté de la bière et les principes de longue maturation, et n'utilise ni conservateurs ni additifs.

Anno 1417

KELLERBIER 5,5 % VOL.
Naturellement trouble, non filtrée, robe blond terne. La faible teneur en acide carbonique la rend souple.

Superior

MÜNCHNER SPECIAL 6 % VOL.
Bière ambrée claire, élaborée à partir d'une vieille recette. Saveur maltée, aromatique ; présence de houblons modérée. Accessible au palais.

Hair of the Dog

4509 Southeast 23rd Avenue,
Portland, Oregon 97202, **É.-U.**
www.hairofthedog.com

Ex-chef cuisinier, Alan Sprints fonda cette petite brasserie en 1994. Sa première bière, Adam, fut brassée dans le style allemand des adambier et se base sur les recherches de l'écrivain Fred Eckhardt.

SECRET DE BRASSERIE Chaque bouteille porte un numéro de cuvée, dont on trouve la correspondance sur Internet.

Adam

STRONG ALE 10 % VOL.
Riche et complexe, avec fruits noirs, pain, chocolat, tourbe fumée, et autres, le tout adroitement unifié.

Fred

STRONG ALE 10 % VOL.
Nommée d'après Eckhardt, cette bière est inclassable. Fruits noirs et fruits juteux, épices et houblons – impossible de résumer les saveurs.

Hakusekikan

5251-1 Hirukawa Tahara,
Nagatsugawa, Gifu 509-8301,
JAPON
www.hakusekikan-beer.jp

L'une des brasseries japonaises les plus singulières, Hakusekikan repousse les limites des styles de bière. Satoshi Niwa, brasseur en chef génial et créatif, expérimente des recettes de bières sauvages avec de la levure airborne, et applique, entre autres, les techniques de fermentation longue et de maturation en fûts pour produire des bières uniques.

Super Vintage

STRONG ALE 14,3 % VOL.

Incroyablement fruitée et complexe, avec une finale sèche surprenante. Servie toute l'année en pression au Beer Club Popeye de Tokyo.

Smoked Pale Ale

PALE ALE 5 % VOL.

Pale ale accessible au palais avec un soupçon de malt fumé et une saveur fumée apparaissant sur la finale.

Hambleton

Holme-on-Swale, Yorkshire du Nord,
YO7 4JE **ANGLETERRE**
www.hambletonales.co.uk

Plus d'un million d'euros a été investi dans la construction d'une nouvelle brasserie Hambleton, dotée notamment d'une entreprise d'embouteillage à la pointe de la modernité. Depuis 1991, l'innovation est le moteur de l'entreprise, comme en témoignent le design des étiquettes et le matériel de brassage sur mesure. Plusieurs distinctions lui ont été décernées.

Stallion

BITTER 4,2 % VOL.
Certains la qualifient de véritable bitter du Yorkshire, avec son caractère malté, sa saveur de noix et sa teneur en houblon élevée.

Nightmare

PORTER 5 % VOL.
Un porter extra stout associant quatre sortes de malt pour une saveur lourdement complexe.

Harpoon

306 Northern Avenue, Boston,
Massachusetts 02210, **É.-U.**
www.harpoonbrewery.com

Cette brasserie, dont les principaux sites sont à Boston et dans le Vermont, a tiré profit de l'attrait des amateurs pour les bières houblonnées ; l'IPA qu'elle produit représente 60 % des ventes. Cependant, l'UFO, brassée à partir de froment, a récemment connu un grand succès, et la remarquable gamme 100 Barrel Serie prouve que Harpoon se distingue par la nouveauté.

IPA

INDIA PALE ALE 5,9 % VOL.

Florale en attaque, arômes de zeste d'agrumes. Saveur renforcée en houblons, palais évoquant le biscuit, amertume discrète en finale.

Munich Dark

DUNKEL 5,5 % VOL.

Riche, presque sucrée ; un soupçon de saveur grillée, puis de chocolat. Houblons modérés, finale homogène.

Harvey's

Lewes, Sussex de l'Est, BN7 2AH
ANGLETERRE
www.harveys.org.uk

La septième génération des descendants de John Harvey est à la tête de cette brasserie témoignant de la grandeur du style gothique victorien. La tour et la brasserie dominent le paysage, et la structure des salles de fermentation et des caves est inchangée. Cependant, une nouvelle entreprise moderne a été construite et dotée d'un matériel permettant d'accroître la production.

Blue Label

PALE ALE 3,6 % VOL.

Délicieusement ronde malgré une faible teneur en alcool, avec un équilibre entre la bouffée de houblon aromatique et le malt sucré.

Armada Ale

BEST BITTER 4,5 % VOL.

Robe ambrée, association bien équilibrée de fruits et de houblon sur le palais.

Harviestoun

Alva, Clackmannanshire,
FK12 5DQ **ÉCOSSE**
www.harviestoun-brewery.co.uk

Les brasseurs d'Harviestoun affirment que leur activité à la brasserie n'est pas un travail, mais un jeu et une passion. La curiosité pour les arômes et les saveurs issus d'ingrédients naturels fut le motif initial de la création de la brasserie en 1985, et la relocalisation dans une entreprise mieux adaptée et rééquipée a généré une réputation sur le plan national.

Bitter & Twisted

BITTER 4,2 % VOL.

Arômes houblonnés influencés par le pamplemousse mûr et le citron, ancrés par une saveur maltée nette.

Schiehallion

PREMIUM LAGER 4,8 % VOL.

Cask lager, brassée avec des houblons bavarois pour un nez savoureux. Une saveur maltée ferme domine la dégustation.

Hawkshead

Staveley, Cumbrie,
LA8 9LR **ANGLETERRE**
www.hawksheadbrewery.co.uk

La brasserie Hawkshead se concentre sur les bières traditionnelles qu'elle modernise. Une nouvelle entreprise d'une capacité de 3 200 litres a été inaugurée en 2006 – au cœur de la campagne pour développer l'inspiration. Le bar où sont servies des bières aux distinctions nombreuses est une belle vitrine pour ces produits et leurs origines.

Hawkshead Red

RED ALE **4,2 % VOL.**
Red ale douce-amère, maltée et épicée sur le palais, avec des arômes juteux et boisés.

Hawkshead Gold

BEST BITTER **4,4 % VOL.**
Houblonnée et catégoriquement amère, avec des saveurs fruitées complexes issues du mélange de houblons anglais et américains.

Herold

262 72 Breznica,
RÉPUBLIQUE TCHÈQUE
www.heroldbeer.com

Le château de la ville a été restauré, et la brasserie attenante continue de produire des bières de type pilsner selon une méthode artisanale traditionnelle. La gamme comprend des bières de froment et la Bohemian Black Lager.

SECRET DE BRASSERIE L'eau puisée sur place, les cuves de fermentation ouvertes et le maltage témoignent de l'histoire de la brasserie.

Bohemian Black Lager

DARK LAGER 4,1 % VOL.
Lager de type schwarzbier ; saveurs de chocolat amer et douceur légèrement maltée, avec une longue finale sèche et légèrement fumée.

Premium Bohemian Lager

PREMIUM LAGER 5,1 % VOL.
Corps plein, texture souple, voile de malt crémeux et saveur sèche houblonnée sur la finale.

Herrngiersdorf

Schlossallee 5, 84097
Herrngiersdorf, **ALLEMAGNE**
www.schlossbrauerei-herrngiersdorf.de

Herrngiersdorf est située entre Ratisbonne et Landshut, au centre de la Basse-Bavière. Avec un passé s'étalant sur plus de 875 années, elle est la plus ancienne brasserie privée du monde. Depuis 1899, elle appartient à la famille Pausinger, la sixième génération a pris la direction en 1995.

Sündenbock

BOCK 7,3 % VOL.

Doppelbock brune typique, avec une légère saveur de caramel. Très ronde, et douce sur la finale.

Publiner

DUNKEL 4,9 % VOL.

Bière très brune et à la saveur forte, arômes de malt très torréfiés et amertume légère de houblons (devrait plaire aux Irlandais…).

High Falls

445 St. Paul Street, Rochester,
New York 14605, **É.-U.**
www.highfalls.com

High Falls perpétue la tradition des bières Genesse, sur le site même où elles sont brassées depuis 1878. L'entreprise brasse également les bières de la gamme JW Dundee pour le marché classique.

SECRET DE BRASSERIE High Falls est l'une des plus grandes et des plus anciennes brasseries en activité aux États-Unis.

Genesee Cream Ale

CREAM ALE 4,9 % VOL.

Pâle, faiblement sucrée, avec des saveurs de maïs grillé ; homogène et facile à boire.

JW Dundee's IPA

INDIA PALE ALE 6,3 % VOL.

Bière estivale. Caractère de caramel relativement sucré, le houblon dégage davantage d'amertume que de saveurs. Finale fraîche.

Hite

640, Yeongdeungpo-Dong,
Yeongdeungpo, Séoul,
CORÉE DU SUD
www.hite.com

Fondée en 1933 sous le nom de Chosun Breweries, Hite est le brasseur majeur en Corée, représentant 60 % des ventes de bière locales. Carlsberg est un investisseur majeur. Actuellement, la production annuelle avoisine 7 millions d'hectolitres. L'entreprise élabore également un vin à base de riz.

Hite

LAGER 4,5 % VOL.
Robe blonde, bière légère accessible, avec un arôme de chewing-gum.

Prime Max

LAGER 4,5 % VOL.
Robe orange pâle, arôme de maïs doux, soupçons de biscuits et d'agrumes.

Hoegaarden

Stoopkensstraat 46,
B3320 Hoegaarden, **BELGIQUE**
www.inbev.com

Bien qu'Hoegaarden soit désormais une marque qui appartienne au géant InBev, elle a conservé l'esprit de son fondateur, Pierre Celis, un brasseur belge révolutionnaire qui hante encore la brasserie. La preuve en est qu'en 2007, les magnats d'InBev, qui projetaient de fermer l'entreprise, durent se raviser.

Hoegaarden Wit

WITBIER 4,9 % VOL.

Au XVIIIe siècle, Hoegaarden était une ville importatrice d'oranges Curaçao. L'écorce était mélangée à des graines de coriandre et au froment cultivé sur le sol riche de la région. C'est à partir de cette recette que s'est dessiné ce style de bière fruitée et épicée unique.

Hofbräu München

Hofbräuallee 1, 81829 Munich,
ALLEMAGNE
www.hofbraeuhaus.com

À Munich, le Hofbräuhaus, fondé en 1607 par Maximilian I, duc de Bavière, est un restaurant très réputé, fréquenté par les touristes du monde entier. La brasserie associée au restaurant est située à Riem, à l'écart de la ville.

SECRET DE BRASSERIE L'eau utilisée par le brassage de la Hofbräu est puisée à 150 m de profondeur.

Hofbräu Original

MÜNCHNER HELLES 5,1 % VOL.
Bière blond clair, sèche et désaltérante, avec un bon équilibre entre le malt et les houblons.

Hofbräu Dunkel

DUNKEL 5,5 % VOL.
Il s'agit du plus ancien type de bière bavarois. Robe ambrée, saveur riche et raffinée, arômes de malt appétissants.

Hogs Back

Tongham, Surrey, GU10 1DE
ANGLETERRE
www.hogsback.co.uk

Fondée en 1992, la brasserie Hogs Back est implantée dans une ferme du XVIIIe siècle. L'expansion croissante, l'agrandissement des entrepôts et le renouvellement du matériel se sont succédé, rapportant de nombreux prix.

SECRET DE BRASSERIE Du houblon est ajouté en fin d'ébullition, apportant un parfum supplémentaire à la bière.

Traditional English Ale/TEA

BEST BITTER 4,2 % VOL.
Parfaitement brassée, avec de délicats arômes fruités, une saveur maltée douce-amère et une longue finale sèche.

Hogs Back Bitter

BITTER 3,7 % VOL.
Bitter marquée par le biscuit, avec des fruits acidulés aromatiques, et une rémanence maltée légère.

Holden's

Woodsetton, Dudley, Midlands
de l'Ouest, DY1 4LW **ANGLETERRE**
www.holdensbrewery.co.uk

Les troisième et quatrième générations de la famille sont très impliquées dans l'entreprise Holden's, fondée dans les années 1920 en même temps qu'un pub-brasserie, avant de s'étendre en un site de production à deux étages.

SECRET DE BRASSERIE La mild est composée de malt ambré, de malt caramel et de malt noir, ainsi que de houblon Fuggles.

Holden's Golden

BITTER 3,9 % VOL.

Le houblon Fuggles et le malt Maris Otter s'associent dans cette pale ale de corps moyen à la robe paille clair.

Black Country Mild

MILD 3,7 % VOL.

Robe roux-noisette vive, avec des notes de biscuit aux noix et une enveloppe de chocolat, de caramel et de houblons terreux.

Holt

Cheetham, Manchester,
M3 1JD **ANGLETERRE**
www.joseph-holt.com

Cette entreprise familiale a su préserver son indépendance dans un secteur où les rachats sont de plus en plus fréquents. Holt assume – non sans fierté – sa nature désuète, ce qui ne signifie pas qu'elle soit rétrograde ; ses projets étudiés et sa lucidité lui ont valu une croissance constante. La brasserie gère aujourd'hui 127 pubs.

Holt 1849

BEST BITTER 4,5 % VOL.

Brassée pour les 150 ans de la brasserie. Saveur houblonnée vive, généreuse et festive.

Holt Bitter

BITTER 4 % VOL.

Les houblons épicés dominent l'arôme fruité aigre, modéré par du malt biscuité et des fruits aigres-doux.

Hook Norton

Banbury, Oxfordshire, OX15 5NY
ANGLETERRE
www.hooky.co.uk

Exemple remarquable de brasserie victorienne, Hook Norton fonctionne en partie grâce à l'énergie produite par la vapeur issue d'un ensemble de rouages, d'axes et de courroies. Des fardiers tirés par des chevaux shire livrent la bière dans les pubs, illustrant un attachement à la tradition. Hook Norton produit néanmoins certaines des plus grandes bières du pays.

Old Hooky

STRONG BITTER 4,6 % VOL.
Franche, avec une nature piquante et fruitée, et un caractère malté arrondissant la finale amère.

Hooky Bitter

BITTER 3,6 % VOL.
Nez subtilement houblonné, puis le malt et les fruits font leur apparition, avant une finale de nouveau marquée par le houblon.

ROUTE DE LA BIÈRE

LES COTSWOLDS, ANGLETERRE

Le village de Hook Norton dans le nord du Oxfordshire est le lieu de villégiature idéal pour visiter les Cotswolds ou la ville d'Oxford. Trois pubs du village offrent des possibilités d'hébergement – le Sun, le Pear Tree et le Gate Hangs High.

1 JOUR 1 : **BRASSERIE HOOK NORTON**
Cet établissement est le parfait exemple des brasseries de style victorien bâties autour d'une tour. Elle fonctionne encore à la vapeur. Assister à la préparation des bières de la brasserie est une expérience sensorielle intense. Seule l'orge maltée de la meilleure qualité est utilisée dans le mash tun, puis elle est extraite manuellement lorsque le moût se forme. La transformation magique du moût sucré en alcool s'opère dans les cuves de fermentation ouvertes. La bière est livrée aux pubs locaux par un authentique attelage de chevaux. L'office de tourisme est ouvert du mardi au samedi, les réservations pour la visite de la brasserie s'effectuent sur le site Internet. La visite se termine par une dégustation. ***Brewery Lane, Hook Norton (www.hooky.co.uk)***

2 JOUR 2 : **BRASSERIE WYCHWOOD**
La route ralliant Hook Norton, à Witney, à la brasserie Wychwood traverse une charmante campagne bucolique. La visite de la brasserie peut se réserver sur le site Internet. D'une durée de 2 heures, elle passe en revue les procédés de fabrication des bières Wychwood et Brakspear, des ingrédients bruts aux produits finis. Le circuit se poursuit par la visite des célèbres cuves de fermentation au système « Double Drop » de la brasserie Brakspear. ***Eagle Maltings, The Crofts, Witney (www.wychwood.co.uk)***

3 **THE KING'S HEAD INN**
Arrêtez-vous ensuite à la brasserie Cotswold, qui se trouve à Foscot (www.cotswoldbrewingcompany.com). Le brasseur Richard Keene y élabore des lager de style continental. The King's Head Inn, implanté au bord d'une rivière près de Bledington, est l'endroit parfait pour déguster une bière Cotswold. ***The King's Head Inn, The Green, Bledington (www.thekingsheadinn.net)***

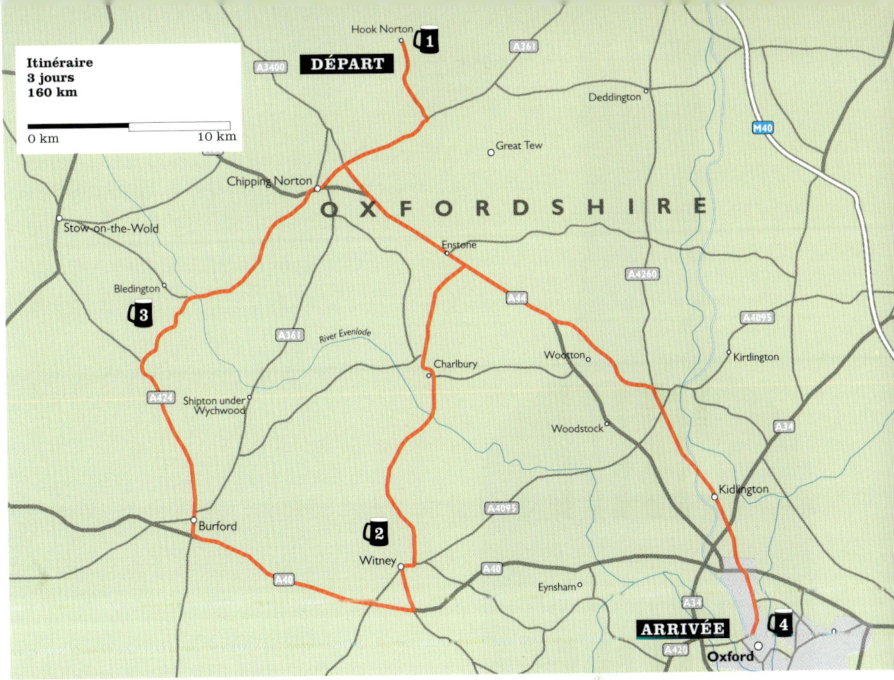

4 JOUR 3 : **OXFORD**

Partez à la découverte de quelques pubs pittoresques de la cité historique d'Oxford. Bonnes bières, culture populaire et atmosphère conviviale se marient confortablement.

The Bear

Ce pub est dissimulé dans une ruelle entre Christ Church et l'université Oriel. Autoproclamé plus ancien pub d'Oxford, il est bâti sur le site d'une ancienne fosse de combat d'ours et de chiens. Les murs sont décorés d'une collection de 5000 cravates. ***6 Alfred Street, Oxford***

King's Arms

Le pub est à l'extrémité de Broad Street, quartier connu pour ses universités et ses librairies. Ce pub est un dédale de pièces, et est apprécié des habitants du quartier et des étudiants. ***40 Holywell Street, Oxford***

Turf Tavern

La Turf Tavern se situe au niveau du dernier mur d'enceinte restant. L'auberge offre un large panel de bières britanniques. Des indications pour se rendre au pub figurent sur le site. ***Bath Place, Holywell, Oxford (www.theturftavern.co.uk)***

Eagle & Child

Basé dans le quartier du Ashmolean Museum et de l'université, le Eagle & Child était le repaire des écrivains J. R. R. Tolkien et C. S. Lewis, tous deux membres du cercle littéraire les Inklings dans les années 1930 et 1940. ***49 St Giles, Oxford***

Hop Back

Downton, Salisbury, Wiltshire,
SP5 3HU **ANGLETERRE**
www.hopback.co.uk

Rapidement à l'étroit dans son petit pub en cave ouvert dans les années 1980 à Wyndham Arms à Salisbury, Hop Back s'est étendue dans plusieurs locaux destinés à la production et à la dégustation de ses bières, remportant de grandes distinctions au passage. La Summer Lightning, élément central de la gamme, a été récompensée par de nombreux prix.

Summer Lightning

STRONG BITTER 5 % VOL.

Intensément amère, avec un arôme houblonné frais évoquant l'herbe, et du malt persistant sur le palais.

Crop Circle

BITTER 4,2 % VOL.

Arôme mélangé et houblon devenant progressivement amer et s'associant à des nuances de maïs. L'ensemble dégage une fraîcheur fruitée délicate.

Hopworks/HUB

2944 SE Powell Boulevard, Portland,
Oregon 97202, **É.-U.**
www.hopworksbeer.com

Hopworks Urban Brewery, fondée par le maître brasseur Christian Ettinger, est la première brasserie de Portland à ne proposer que des bières issues de l'agriculture biologique, suivant son engagement à la *green culture*.

SECRET DE BRASSERIE Les cuves sont chauffées au biodiesel.

Velvet ESB

SPECIAL BITTER 5,2 % VOL.
Bière de dégustation typiquement américaine. Riche en caramel et douce ; fort caractère de houblon.

Organic IPA

INDIA PALE ALE 6,6 % VOL.
Arômes frais de houblon – pamplemousse, pin, zeste de citron. Saveurs de houblon, amertume équilibrée par le caractère malté vif.

Hue

243 Nguyen Sinh Cung
Hué, **VIETNAM**

La brasserie Hue est implantée dans la ville de Hué, l'ancienne capitale du Vietnam, sur les rives de la célèbre rivière des Parfums au centre du pays. Carlsberg – qui s'est introduit au Vietnam en 1993 en rachetant 60 % des parts de South East Asia Brewery, basée au nord du pays – possède désormais la moitié du capital de la brasserie Hue.

Hue

LAGER 5 % VOL.

Robe jaune maïs, avec une mousse blanche légère, le corps semble un peu léger également. Accessible au palais, sans surprise, le nez dégage quelques soupçons de pain grillé. Sans grande complexité, mais néanmoins rafraîchissante.

Huvila

Puistokatu 4, FI-57100,
Savonlinna, **FINLANDE**
www.panimoravintolahuvila.fi

Cette brasserie artisanale produisant des ales britanniques, du sideri (cidre) et de la *sahti*, est située à Savonlinna, dans la région touristique du lac Saimaa. La brasserie-restaurant Huvila propose un menu savoureux, des chambres d'hôtes, des concerts, des visites guidées et une école brassicole.

SECRET DE BRASSERIE Tous les produits Huvila sont non filtrés.

Huvila Porter

PORTER 5,5 % VOL.

Les malts anglais torréfiés confèrent un arôme grillé puissant évoquant le café, ainsi qu'un soupçon de chocolat.

Huvila ESB

STRONG BITTER 5,2 % VOL.

Fermement houblonnée, avec un arôme fruité et floral, des saveurs complexes et un arrière-goût long et amer.

Hydes

46 Moss Lane West, Manchester,
M15 5PH **ANGLETERRE**
www.hydesbrewery.com

Hydes est l'une de ces brasseries familiales exceptionnelles qui se sont taillé une niche dans leur région d'origine. La Hydes Original est toujours élaborée selon la recette et les critères de base appliqués depuis l'ouverture de la brasserie, en 1863. L'entreprise continue d'appréhender l'avenir avec enthousiasme et assurance.

Hydes Original

BITTER 3,8 % VOL.

Bière typique du nord-ouest de l'Angleterre : robe cuivrée, de corps plein, avec une saveur douce-amère distincte.

Dark Mild

MILD 3,5 % VOL.

Nez de fruit et de malt, et saveurs complexes errant entre les fruits rouges, le malt et le chocolat.

Ilzer Sörgyár

Ilzer Sörgyár Rt., 2200,
Monor, **HONGRIE**
www.ilzer.hu

À 35 km au sud de Budapest, cette brasserie fut fondée dans les années 1990. Sa gamme de bières comprend désormais l'Alt Bayersicher Dunkel, une bière de froment brune, la Diet, une bière à faible teneur en sucre, et une bière casher nommée Shalom.

SECRET DE BRASSERIE Ilzer est la première brasserie à avoir produit une bière de froment hongroise.

Ilzer Hefeweissbier

BIÈRE DE FROMENT 5 % VOL.

Jaune trouble, avec une mousse blanche aérée. Des soupçons de banane et d'épices mènent à une finale d'agrumes.

Ilzer Roggen Rozs Sör

BIÈRE DE SEIGLE 4,8 % VOL.

Bière de seigle complexe, originale, à la robe voilée. Le seigle confère des notes épicées.

Iron Hill

Sites divers dans le Delaware
et en Pennsylvanie, **É.-U.**
www.ironhillbrewery.com

Nommée d'après un haut lieu de la révolution américaine, la chaîne de brasseries et de restaurants Iron Hill se développe dans le Delaware et en Pennsylvanie, proposant une série de bières fixe dans chaque établissement, ainsi qu'une gamme de bières spéciales. Les brasseurs élaborent aussi la Iron Hill Reserve Line en bouteilles de 75 cl destinées à la vente dans les pubs.

Russian Imperial Stout

IMPERIAL STOUT 9,5 % VOL.
Riche, arômes de chocolat noir, notes de café. Saveurs profondes de chocolat, équilibrées par une amertume évoquant la torréfaction.

Pig Iron Porter

PORTER 5,4 % VOL.
Riche, notes grillées, mélange de saveurs rondes de café, de pruneaux et de cerises noires.

Jacobsen Brewhouse

Gamle Carlsberg Vej 11,
DK-2500 Valby, **DANEMARK**
www.jacobsenbeer.com

Nommée d'après le fondateur de Carlsberg, Jacobsen fut créée en 2005 pour produire des bières spéciales, avec une touche scandinave. Cette brasserie est implantée dans le complexe d'origine de Carlsberg, datant de 1847.

SECRET DE BRASSERIE Jacobsen élabore une série de bières Vintage, vieillies en fûts de chêne.

Jacobsen Saaz Blonde

PALE ALE 7,1 % VOL.
L'extrait d'angélique confère une note de genièvre qui ajoute à la saveur fruitée de la levure.

Jacobsen Extra Pilsner

PILSNER 5,5 % VOL.
Premium lager à base d'ingrédients nordiques tels que du malt pilsner danois d'origine bio, et du jus d'argousier suédois.

Jämtlands Bryggeri

Box 224, SE-831 23 Östersund, **SUÈDE**
www.jamtlandsbryggeri.se

Cette microbrasserie innovante fut fondée en 1996 dans la capitale du Jämtland, au centre de la Suède. Elle brasse une grande variété de bières, dont une strong ale anglaise, un porter balte et une lager viennoise. Elle remporte fréquemment des prix.

SECRET DE BRASSERIE Les brasseurs s'inspirent des styles britannique, allemand et alsacien.

President

PORTER 4,8 % VOL.

Cette bière de fermentation basse est d'amertume moyenne, et dégage l'arôme doux des houblons tchèques Saaz.

Oatmeal Porter

PORTER 4,7 % VOL.

Porter non filtré et de fermentation haute, à la robe rubis-brun. Un expresso dans un verre à bière!

Jandelsbrunner

Hauptstr. 17, 94118 Jandelsbrunn,
ALLEMAGNE
www.jandelsbrunner.de

La famille Lang est propriétaire de la brasserie depuis 1810. Au xxe siècle, le matériel, tel que les machines de remplissage, fut renouvelé, et de nouveaux sites de production furent bâtis, ainsi que des caves de maturation.

SECRET DE BRASSERIE En 2004, un équipement photovoltaïque fut installé pour exploiter l'énergie solaire.

Doppelbock

DOPPELBOCK 8 % VOL.
Robe acajou, saveur maltée, florale et légèrement sucrée, avec une agréable note d'amertume sur la finale.

Ur-Weizen

BIÈRE DE FROMENT 5,3 % VOL.
Robe ambrée et trouble en raison de la levure, et saveur florale avec une finale modérée et sucrée.

Jennings

Cockermouth, Cumbrie,
CA13 9NE **ANGLETERRE**
www.jenningsbrewery.co.uk

John Jennings était brasseur depuis 46 ans lorsqu'il bâtit son établissement en 1874, dans l'ombre du château Cockermouth. La brasserie est située au confluent des rivières Cocker et Derwent, et appartient à Marstons depuis 2005.

SECRET DE BRASSERIE L'eau de Lakeland est essentielle aux bières Jennings.

Cumberland Ale

BITTER 4 % VOL.
Riche en houblons floraux. Sa saveur intense et ronde et son corps ferme et crémeux glissent vers un arrière-goût sec.

Sneck Lifter

STRONG BITTER 5,1 % VOL.
Brune et intrigante, avec des arômes complexes et des saveurs généreuses de fruits et de malt torréfié.

Jever

Elisabethufer 18, 26441 Jever,
ALLEMAGNE
www.jever.de

Jever est une brasserie allemande majeure. Fondée il y a 160 ans, elle réalisa ses premières exportations dans les années 1950. La pilsner que nous connaissons fut lancée pendant la « pils-wave » des années 1960. Radeberger racheta Jever en 2005.

SECRET DE BRASSERIE Jever est réputée pour élaborer les pilsner les plus sèches jamais brassées.

Jever Fun

BIÈRE SANS ALCOOL 0,25 % VOL.
Presque dépourvue d'alcool, mais avec la saveur d'une pilsner. Amertume houblonnée et saveur de pilsner.

Jever Pilsener

PILSNER 4,8 % VOL.
Jever utilise une grande quantité de houblons, dont l'amertume rend cette pilsner très sèche.

J

Jolly Pumpkin

3115 Broad Street, Dexter,
Michigan 48130, **É.-U.**
www.jollypumpkin.com

Jolly Pumpkin Artisan Ales n'est pas une brasserie américaine banale. Ses bières se développent sous l'influence d'une levure sauvage locale. Toutes les bières sont vieillies en fûts, et sont souvent mélangées puis refermentées en bouteilles pour un résultat effervescent. Malgré une production limitée, la brasserie peut se targuer d'un succès national.

Oro de Calabaza

STRONG ALE BELGE 8 % VOL.

Dorée et trouble, acide et épicée, avec des fruits du verger et des agrumes. Se bonifie avec l'âge.

Bam Biere

BIÈRE DE SAISON 4,5 % VOL.

Le tout dépasse la somme de ses parties dans cette bière « fermière », des houblons (volutes de mousse, finale sèche) aux malts épicés.

Jopen

Minckelersweg 2a,
2031 EM Haarlem, **PAYS-BAS**
www.jopen.nl

Jopen fut fondée en 1995 dans le but de recréer des anciens styles de bière destinés aux habitants de Haarlem – autrefois important centre brassicole. Elle est la seule brasserie néerlandaise spécialisée dans les recettes locales, et aucun autre établissement au monde ne produit ces styles si particuliers.

Jopen Koyt

BIÈRE DE GRUIT 8,5 % VOL.
Bière non houblonnée, brassée avec trois céréales et des herbes. Fruitée, épicée et délicieuse.

Jopen Hoppenbier

ALE AMBRÉE 6,5 % VOL.
Basée sur une recette de 1501 comprenant orge, froment et avoine. Soupçons de coriandre, gingembre et clou de girofle, houblons épicés.

Kelham Island

Sheffield, Yorkshire du Sud,
S3 8SA **ANGLETERRE**
www.kelhambrewery.co.uk

Depuis l'ouverture de Kelham Island en 1990, les quatre grandes brasseries de Sheffield ont fermé leurs portes – le succès de Kelham en est d'autant plus remarquable. De nombreux prix ont été décernés à la brasserie.

SECRET DE BRASSERIE Les Pale Rider et Easy Rider sont brassées avec des houblons américains très parfumés.

Pale Rider

STRONG BITTER 5,2 % VOL.
Forte mais délicatement fruitée, notamment grâce à l'utilisation de houblons américains. Récompensée par de nombreux prix.

Easy Rider

BITTER 4,3 % VOL.
Pale ale subtile, son amertume vive initiale cède à un palais fruité persistant.

Keo

Franklin Roosevelt Ave, Limassol,
3602 **CHYPRE**
www.keogroup.com

Limassol est le port principal et la ville à la croissance la plus rapide de l'île de Chypre. Elle abrite la brasserie Keo, située juste derrière le vieux port et qu'il faut absolument découvrir lors d'un séjour à Limassol. Des visites sont organisées chaque jour de la semaine, et se concluent par une dégustation.

Keo

LAGER 4,5 % VOL.

Lager pale à la mousse épaisse et à la saveur maltée sucrée, simple sur le palais, très accessible.

Five Beer

LAGER 5 % VOL.

Robe ambré profond, saveur riche en malt et de faible amertume. Sucrée sur la finale.

Klein Duimpje

Parallelweg 2, 2182 CP Hillegom,
PAYS-BAS
www.kleinduimpje.nl

Cette brasserie fut fondée par Erik Bouman, brasseur amateur médaillé. En 1997, sa porter fut désignée comme la meilleure parmi 400 produits lors du Dutch Homebrewing Championship. Ce succès incita Bouman à professionnaliser son activité. La vaste gamme de bières de fermentation haute comprend cette désormais célèbre porter.

Hillegoms Tarwe Bier

WITBIER 5,5 % VOL.

Aromatisée à la coriandre et à l'écorce d'orange. Bière de froment épicée, citrique et un peu sucrée.

Porter

PORTER 5,5 % VOL.

Le malt torréfié évoquant l'expresso s'associe à la douceur du chocolat, soutenue par de la réglisse et des notes grillées.

Kona

75-5629 Kuakini Highway,
Kailua Kona, Hawaï 97640, **É.-U.**
www.konabrewingco.com

Les ventes se multiplient et le marché s'élargit pour Kona Brewing, qui offre aux consommateurs du continent « une pinte de paradis ». La brasserie de Big Island a augmenté sa capacité de production pour Hawaï, tandis que les ventes dans 17 États augmentent sans cesse. Les bières distribuées sur le continent sont élaborées sous contrat à Widmer Brothers dans l'Oregon.

Pipeline Porter

PORTER 5,4 % VOL.

Brassée avec le café local de Kona, sa saveur est bien intégrée. Malt torréfié, gras, avec des notes de chocolat.

Fire Rock Pale Ale

PALE ALE 6 % VOL.

Robe orange virant au rouge, avec des arômes et saveurs de caramel légèrement sucrés, houblons épicés et citriques intégrés et équilibrés.

König Ludwig

Augsburger Str. 41, 82256
Fürstenfeldbruck, **ALLEMAGNE**
www.kaltenberg.de

L'histoire de la famille royale de Bavière, la maison de Wittelsbach, est étroitement liée au savoir-faire brassicole. Aujourd'hui, S. A. R. Luitpold prince de Bavière perpétue l'entreprise familiale avec succès, notamment avec les marques König Ludwig et Kaltenberg. Cette dernière fait référence à la brasserie située au château de Kaltenberg.

König Ludwig Dunkel

DUNKEL 5,1 % VOL.

Ambrée, avec une saveur souple de malt noir et houblons fins, c'est la dunkel la plus populaire en Allemagne.

König Ludwig Weissbier

BIÈRE DE FROMENT 5,5 % VOL.

Très populaire en Bavière. Robe jaune et trouble, avec des houblons fins sur la finale. Spécialité très traditionnelle, non filtrée.

De Koninck

Mechelse Steenweg 291,
B2018 Anvers, **BELGIQUE**
www.dekoninck.be

De Koninck est une icône, tout comme sa bière éponyme. Elle incarne l'esprit d'Anvers – dont les habitants ne sont pas peu fiers. La Bolleke ambrée (qui est en réalité le nom du verre) est la bière de base dans de nombreux bars.

SECRET DE BRASSERIE La version en pression est non pasteurisée, l'idéal est de la déguster à sa source.

De Koninck

SPÉCIALE BELGE AMBRÉE 5 % VOL.

Les malts ambrés, les sucres résiduels et les houblons confèrent à cette bière raffinée un équilibre parfait, ainsi qu'un arôme soufré léger mais distinct, et un caractère biscuité. La version en pression est particulièrement savoureuse – au Royaume-Uni, elle est également disponible en fûts.

Krone Tettnang

Bärenplatz 7, 88069 Tettnang,
ALLEMAGNE
www.krone-tettnang.de

Krone Tettnang est une petite brasserie artisanale appartenant à la famille Tauscher depuis sept générations. Elle est membre du groupe Brewers with Body and Soul, qui rassemble 10 petites entreprises produisant de la bière « de façon différente, mais traditionnelle ».

SECRET DE BRASSERIE C'est cette brasserie qui produisit en 1993 la première bière bio de la région du lac de Constance.

Keller-Pils

PILSNER 4,7 % VOL.
Célèbre bière bio de la région. Non filtrée et trouble. Amertume houblonnée typique d'une pilsner, saveur sucrée donnée par le malt.

Kronenbier

LAGER 4,9 % VOL.
Bière traditionnelle à la saveur riche et à l'arôme ultra raffiné. Finale légère de houblons fins.

Krušovice

270 53 Krušovice 1,
RÉPUBLIQUE TCHÈQUE
www.pivo-krusovice.cz

Lorsqu'en 1581, Jirí Birka, le propriétaire d'origine, proposa de vendre sa brasserie à l'empereur Rodolphe II, l'inventaire précisa : « La cuve de la brasserie est en pierre, et peut être utilisée dès à présent. » Birka aurait du mal à reconnaître sa brasserie désormais entièrement mécanisée – le cinquième producteur national.

Krušovice Imperial

PREMIUM LAGER 5,5 % VOL.
L'arôme de paille sèche rehausse le palais amer, avec une finale de malt et de houblon floral.

Krušovice Dark Beer

BIÈRE BRUNE 3,8 % VOL.
L'abondance du malt torréfié et du caramel rencontre les nuances de terre et de noix avant une finale houblonnée acidulée.

Kuhnhenn

5919 Chicago Road, Warren,
Michigan 48092, **É.-U.**
www.kbrewery.com

Les frères Brett et Eric Kuhnhenn ont transformé la quincaillerie de leur père en un ensemble regroupant brasserie, cave de vinification et hydromellerie, et où les clients peuvent brasser leur propre bière. La réputation nationale de Kuhnhenn illustre le rôle essentiel du bouche-à-oreille – et d'Internet – dans l'engouement croissant que peut connaître une petite brasserie.

Raspberry Eisbock

EISBOCK 10,6 % VOL.

Bière produite en petite quantité. Complexe, riche, avec framboises et chocolat, de l'alcool qui réchauffe la bouche, et une acidité finale.

Penetration Porter

PORTER 5,9 % VOL.

Presque noire, avec café, chocolat et fruits noirs abondants sur le nez et en bouche. Finale de houblon acidulée.

Kulmbacher

Lichtenfelser Str. 9, 95326
Kulmbach, **ALLEMAGNE**
www.kulmbacher.de

Le nom de Kulmbach, une ville du nord de la Bavière, est connu des amateurs de bière du monde entier. Sa renommée débuta avec les bières produites par le maître brasseur Wolfgang Reichel en 1846. Depuis, de nombreuses autres marques se sont ajoutées au catalogue de la société, et la production avoisine les 300 millions de litres.

Mönchshof Schwarzbier

SCHWARZBIER 4,9 % VOL.
Malts noirs torréfiés et houblons fins. Robe brun profond et arôme délicat typique des schwarzbier.

Kapuziner Weissbier

BIÈRE DE FROMENT 5,4 % VOL.
Naturellement trouble, effervescente et avec une saveur sucrée et fruitée. Bière de froment non filtrée caractéristique.

Lagunitas

1280 North McDowell Boulevard,
Petaluma, Californie 94954, **É.-U.**
www.lagunitas.com

Réputée pour ses bières aux forts accents de houblon, Lagunitas a produit une nouvelle gamme en 2006, dont chaque bière est un hommage à un album de Frank Zappa, commercialisée 40 ans après la sortie de l'album du même nom. Tony Magee, le fondateur de Lagunitas, a obtenu l'autorisation du Zappa Family Trust de reprendre la couverture de l'album sur l'étiquette.

India Pale Ale

INDIA PALE ALE 5,7 % VOL.

Débordant de houblon – orange, pamplemousse, pêches et pin sur une douceur maltée.

Kill Ugly Radio

INDIA PALE ALE 7,8 % VOL.

Considérée comme IPA seulement aux États-Unis. Les fruits et le caramel issus de la fermentation sont équilibrés par les houblons Northwest.

Lakefront

1872 North Commerce Street,
Milwaukee, Wisconsin 53212, **É.-U.**
www.lakefrontbrewery.com

Lakefront, connue depuis 1987 pour ses bières robustes, a récemment attiré l'attention avec une bière sans gluten, New Grist, destinée aux consommateurs allergiques ou intolérants aux céréales.

SECRET DE BRASSERIE New Grist est brassée à partir de sorgho, de houblon, d'eau, de riz et de levure sans gluten, et cultivée sur un milieu à base de mélasse.

New Grist

BIÈRE SANS GLUTEN 5 % VOL.

Zeste de citron en attaque, puis palais léger avec des notes fruitées. Modérément astringente et acide.

Riverwest Stein

LAGER VIENNOISE 6 % VOL.

Arômes de torréfaction et touches de caramel. Davantage de caramel en bouche. Saveur fruitée venant des houblons acidulés. Notes boisées.

Lambrate

Via Adelchi 5, 20131 Milan, **ITALIE**
www.birrificiolambrate.com

Le premier (et le meilleur) pub-brasserie de Milan fut fondé en 1996 par les frères Davide et Giampaolo Sangiorgi et leur ami Fabio Brocca, après la visite de la brasserie 't IJ à Amsterdam. Leur production a augmenté et de nouvelles bières intéressantes ont été ajoutées. Le menu affiche des plats créatifs à base de bière, tels que le porc cuit dans du mash.

Ghisa

BIÈRE FUMÉE 5 % VOL.

Robe d'ébène, mousse cappuccino ; légèrement fumée, accessible au palais, équilibrée, avec des notes de prunes et une finale longue et houblonnée.

Montestella

BLOND ALE 4,9 % VOL.

Fleuron de la maison ; pâle, arômes frais de foin et de houblons, longue finale sèche nettoyant le palais.

Lao Brewery

Km 12 Thadeua Road,
Vientiane, **LAOS**
www.beer-lao.com

La production à la brasserie Lao débuta en 1973 ; l'entreprise était alors nommée Brasseries et Glacières du Laos. Deux ans plus tard, en 1975, elle fut nationalisée. En 2002, Carlsberg et TCC, une société thaïlandaise, acquirent chacune 25 % des parts de Lao, les parts restantes sont toujours détenues par le gouvernement laotien.

Beerlao

LAGER 5 % VOL.

Qualifiée de meilleure bière asiatique, elle présente une douceur agréable. Amertume légère, soupçons de miel.

Beerlao Dark

LAGER 6,5 % VOL.

Robe brun roussâtre, riche en saveurs de caramel sucré et de pain grillé. Finale brève mais réchauffante.

Lees

Manchester, M24 2AX
ANGLETERRE
www.jwlees.co.uk

Fondée en 1878 par John Lees, alors que Manchester devenait « l'atelier du monde », Lees s'est vite développée car elle correspondait aux goûts des consommateurs locaux. Aujourd'hui, la sixième génération de la famille gère la brasserie et le pub, et demeure fidèle à la devise : « Nous nous considérons comme une entreprise à la fois désuète et moderne. »

Moonraker

BARLEY WINE 7,5 % VOL.

Puissamment fruitée, sur une base de malt riche et torréfié, avec une tendance sucrée et une finale s'asséchant.

JW Lees Bitter

BITTER 4 % VOL.

Bitter du nord à la robe ambrée classique, avec des couches de malt en bouche et une finale acidulée.

Lefebvre

54, Rue du Croly,
B1430 Quenast, **BELGIQUE**
www.brasserielefebvre.be

Jules fut le premier de la famille Lefebvre à s'impliquer dans la brassiculture, en 1876. Aujourd'hui, la brasserie est aux mains de la sixième génération, représentée par Paul Lefebvre.

SECRET DE BRASSERIE Cette brasserie certes familiale est très tournée vers l'extérieur ; 80 % de se production est destinée à l'exportation.

Floreffe Double

BIÈRE D'ABBAYE BRUNE 6,3 % VOL.
Bière chocolatée, des notes de vin de madère et de porto se développent avec l'âge.

Saison 1900

BIÈRE DE SAISON 5,2 % VOL.
L'une des rares bières Lefebvre à faire référence au passé de la brasserie ; arômes délicats de basse-cour et d'eau de rose.

Left Hand

1265 Boston Avenue, Longmont, Colorado 80501, **É.-U.**
www.lefthandbrewing.com

L'entreprise doit son nom, qui signifie « main gauche », au chef arapho Niwot. Produisant à l'origine des bières de type anglais, la brasserie se distingua en 1998 avec la gamme Tabernash, réputée pour ses bières de type bavarois. Celles-ci ne sont plus brassées, mais Left Hand continue à développer des bières aux styles variés, ainsi que de nombreuses bières de saison.

Milk Stout

MILK STOUT 5,3 % VOL.
Complexe et homogène, arômes de chocolat et de pain grillé, saveurs constamment équilibrées par une douceur sucrée crémeuse.

Blackjack Porter

PORTER 5,2 % VOL.
Arômes de chocolat et de liqueur, corps moyen, soupçons de cerises noires et finale homogène et sèche.

Leinenkugel's

1 Jefferson Avenue, Chippewa Falls, Wisconsin 54729, **É.-U.**
www.leinie.com

Depuis 1988, lorsque Miller Brewing acquit une participation majoritaire, la Jacob Leinenkugel Brewing Company est devenue l'une des plus grandes brasseries régionales du pays, distribuant ses bières dans presque tous les États.

SECRET DE BRASSERIE La brasserie, fondée en 1867, propose toujours une gamme de bière évoquant son héritage allemand.

Creamy Dark

DARK LAGER AMÉRICAINE 4,9 % VOL.
Crémeuse, chocolat avec caractère de café et de crème, et finale s'asséchant, modérément amère.

Sunset Wheat

BIÈRE DE FROMENT AMÉRICAINE 4,9 % VOL.
Bière légère mais complexe, arômes et saveurs de salade de fruits, avec une acidité de froment et des épices marquées par la coriandre.

Liefmans

Aalststraat 200,
B9700 Audenarde, **BELGIQUE**
www.liefmans.be

En 2007, la maison mère Liefmans était sous administration judiciaire, mais Duval Moortgat reprit la gestion en 2008. De nouveaux styles de bières ainsi qu'un nouveau look permirent à l'entreprise de prendre un nouveau départ.

SECRET DE BRASSERIE Les bières Liefmans sont les rares bruin encore brassées dans le style d'Audenarde.

Liefmans Goudenband

OUD BRUIN 8 % VOL.

Version forte de l'oud bruin, son acidité sous-jacente lui prête de bonnes possibilités de vieillissement.

Liefmans Kriek

OUD BRUIN 6 % VOL.

Version plus légère, refermentée avec des cerises aigres. La version en pression, rare, non sucrée, est stellaire.

Lindemans

Lenniksebaan 1479, B1602
Vlezenbeek, **BELGIQUE**
www.lindemans.be

On imagine souvent que les brasseries de lambic sont de petites entreprises rurales. À première vue, Lindemans semble confirmer cette tendance, mais elle se situe très près des 10 plus grandes brasseries belges. Son succès est dû à ses bières fruitées plutôt sucrées qu'elle brasse avec excellence. Presque la moitié de sa production est destinée aux marchés étrangers.

Lindemans gueuze cuvée rené

GUEUZE 5 % VOL.

Initialement produite pour l'exportation, cette gueuze de caramel et de pomme est largement répandue.

Lindemans kriek cuvée rené

KRIEK 5 % VOL.

Cette kriek non filtrée est rare. Plus sèche en bouteille qu'à la pression.

Lion

700 North Pennsylvania Avenue,
Wilkes-Barre, Pennsylvanie 18705,
É.-U.
www.lionbrewery.com

Lion Brewery, fondée en 1905, est la dernière des brasseries qui étaient jadis en activité dans le nord-est de la Pennsylvanie. Plus récemment, la brasserie a rendu hommage à son passé avec une gamme de bières traditionnelles de grande qualité, Stegmaier, dont les origines remontent à 1857.

Steg 150

LAGER VIENNOISE 5.5 % VOL.

Créée pour le 150e anniversaire de la brasserie. Arômes de pain grillé aux accents de malt, sucrée mais homogène, sans être mielleuse.

Stegmaier Porter

PORTER 5,5 % VOL.

Notes de chocolat sucré et de fruits mûrs, malt grillé et finale amère marquée par le café.

Lion Brewery

254 Colombo Road, Biyagama,
SRI LANKA
www.lionbeer.com

La Lion Stout, conditionnée en bouteilles, est la marque la plus connue de cette société. La bière est brassée avec des malts britanniques, tchèques et danois, des houblons Styrian et une souche de levure anglaise. Tous ces ingrédients sont transportés sur de mauvaises routes menant à la brasserie, située à 1 000 m au-dessus du niveau de la mer, au cœur de plantations de thé.

Lion Stout

STOUT 8 % VOL.
Bière de classe mondiale, avec des arômes et des saveurs de pruneaux et de moka. Son corps est gras, évoquant le goudron, et la finale est poivrée et amère comme du chocolat. L'alcool réchauffe et allonge la finale.

Little Creatures

40 Mews Road, Fremantle,
Australie-Occidentale 6160,
AUSTRALIE
www.littlecreatures.com.au

Implantée dans un énorme bâtiment, au bord de l'eau à Fremantle, Little Creatures dispose d'un bar-restaurant au sein de sa microbrasserie. La Pale Ale, produit phare, est inspirée de celles de la brasserie américaine Sierra Nevada, et remporta un succès fulgurant dès son lancement. L'entreprise a ouvert un bar à Melbourne, ainsi qu'une seconde brasserie à Geelong, dans l'État du Victoria.

Little Creatures Pale Ale

PALE ALE AMÉRICAINE 5,2 % VOL.

Arômes de houblon marqués par les agrumes ; nuances de malt onctueux et d'agrumes, amertume robuste.

Rogers' Beer

ALE AMBRÉE 3,8 % VOL.

Notes de malt biscuité ; milieu de palais ponctué de caramel et de notes houblonnées épicées et acidulées, finale courte.

Locher

Industriestrasse 12,
CH - 9050 Appenzell, **SUISSE**
www.appenzellerbier.ch

Appenzell est le plus petit canton de Suisse, mais la bière produite par la brasserie locale est très réputée.

SECRET DE BRASSERIE Dans les années 1990, la famille Locher découvrit que les bières brassées à la pleine lune fermentent plus facilement ; il en a découlé la gamme Vollmond, signifiant « pleine lune ».

Vollmond

LAGER BIO 5,2 % VOL.
Arôme de houblon et de zeste de citron ; corps moyen – onctueuse, houblonnée et modérément amère.

Holzfass-Bier

LAGER 5,2 % VOL.
Arômes de maïs doux, avec une légère carbonisation, et une note distincte issue du bois de chêne dans lequel la bière est vieillie.

Lord Nelson

19 Kent Street, The Rocks, Sydney,
Nouvelle-Galles du Sud 2000,
AUSTRALIE
www.lordnelsonbrewery.com

Après plus de 20 ans d'existence, ce pub-brasserie de Sydney maintient une bonne croissance et continue d'attirer les amateurs de bière dans son établissement, qui affirme être « le plus ancien pub de la ville ayant conservé sa licence ». Les premiers breuvages étaient des bières simples à base d'extrait de malt, mais la gamme a évolué vers des ales complexes.

Old Admiral

STRONG ALE 6,1 % VOL.

Palais dense et malté, avec des notes de prunes, une amertume énergique et une rémanence réchauffante.

Three Sheets

PALE ALE 4,9 % VOL.

Arômes maltés et fruités ; accents de malt, avec des soupçons d'agrumes et d'abricot ; amertume bien ronde.

Lost Abbey

155 Mata Way, San Marcos,
Californie 92069, **É.-U.**
www.lostabbey.com

Port Brewing, issu d'une chaîne prospère de pubs-brasseries implantée dans la région de San Diego, lança la marque en 2006. Tomme Arthur, maître brasseur, contrôle la salle de maturation qui fait le succès de ces bières « Wild American » aux accents de malts relevés par les fûts dans lesquels elles sont vieillies.

SECRET DE BRASSERIE Les fûts de bois qui contenaient autrefois du vin et du whisky nourrissent désormais des levures sauvages.

Red Poppy

SOUR ALE 5,5 % VOL.
Bière brune, avec des cerises aigres, vieillie un an en fûts de chêne français ayant contenu du vin. Accents de chêne, et agréable acidité.

Judgment Day

STRONG DARK ALE BELGE 10,5 % VOL.
Sombre et puissante, arômes et palais très fruités ; notes de chocolat et de malt de whisky.

Löwenbräu

Nymphenburger Str. 7, 80335
Munich, **ALLEMAGNE**
www.loewenbraeu.de

Löwenbräu est l'une des marques les plus célèbres du monde. L'entreprise existe depuis plus de 500 ans. En 1948, trois ans après la fin de la Seconde Guerre mondiale, Löwenbräu exporta de nouveau : tout d'abord vers la Suisse, puis dans d'autres pays. En 1997, la société fusionna avec Spatenbräu, toutes deux font désormais partie du géant InBev.

Löwenbräu Triumphator

DOPPELBOCK 7,6 % VOL.

Robe brun foncé, forte saveur de malt, avec un subtil arôme de houblons. Sucrée.

Löwenbräu Urtyp

EXPORT 5,4 % VOL.

Saveur équilibrée et arômes délicats de malt ; de corps plein, agréable, et fraîche, avec des houblons modérés sur la finale.

Mad River

195 Taylor Way, Blue Lake,
Californie 95525, **É.-U.**
www.madriverbrewing.com

Bob Smith, le fondateur, a bâti cette brasserie en 1989 avec des matériaux recyclés. Il a reçu depuis de nombreuses récompenses pour sa démarche éco-responsable. Mad River recycle 98 % de ses résidus et génère seulement 1 m² de déchets par an. Elle produit 1 million de litres de bière par an.

Jamaica Red Ale

ALE AMBRÉE **6,6** % VOL.
Nez sucré, avec des malts Crystal et des houblons francs et rafraîchissants.

Steelhead Scotch Porter

PORTER **6,4** % VOL.
Caractère distinct d'un porter, avec du malt grillé et une touche d'aigreur. Les notes de caramel et des soupçons de fumée ajoutent de la complexité.

Magic Hat

5 Bartlett Road, Burlington,
Vermont 05403, **É.-U.**
www.magichat.net

Les emballages originaux de Magic Hat et ses bières « non-style » ont généré une croissance à deux chiffres chaque année. L'activité démarra en 2008. En 2012, la maison-mère fut rachetée par Cerveceria Costa Rica, une des branches de la société Florida Ice & Farm Co.

SECRET DE BRASSERIE Les bières de la gamme Orlio sont certifiées bio.

#9

PALE ALE 4,6 % VOL.
Infusée à l'abricot. Saveur subtile de fruits à noyau sur le palais, avec parfois des notes de beurre. Finale sèche.

Roxy Rolles

ALE AMBRÉE 5,8 % VOL.
Brassée pour la saison d'hiver, riche en arômes et saveurs de caramel et de pamplemousse, équilibrés par une amertume finale.

Maisel

Hindenburgstr. 9, 95445 Bayreuth,
ALLEMAGNE
www.maisel.com

Hans et Eberhardt Maisel ont fondé cette brasserie en 1887. En 1955, la famille choisit de limiter la production à la bière de froment, et Maisel devint une référence pour ce type de bière.

SECRET DE BRASSERIE Le succès de l'entreprise s'explique par un savoir-faire brassicole de qualité.

Maisel's Weisse

BIÈRE DE FROMENT 5,2 % VOL.
Robe typique des Maisel : rouge flamboyant. La fermentation en bouteille confère des notes fruitées et une saveur de noix sur la finale.

Maisel's Dampfbier

BIÈRE SPÉCIALE 4,9 % VOL.
Une bière dans un style ancien : le mélange de malts lui procure un caractère spécial, très raffiné.

Malt Shovel

99 Pyrmont Bridge Road,
Camperdown, Sydney, Nouvelle-Galles du Sud 2050, **AUSTRALIE**
www.maltshovel.com.au

Branche brassicole artisanale de Lion Nathan, la brasserie Malt Shovel a développé un catalogue impressionnant de styles de bière grâce au talent du maître brasseur Dr Charles « Chuck » Hahn. Le premier produit, une amber ale, fut commercialisé en 1998. Les bières de la marque James Squire doivent leur nom à un ancien détenu condamné pour grand banditisme, et qui est devenu le premier cultivateur de houblon et brasseur de la colonie.

Malt Shovel India Pale Ale

INDIA PALE ALE 5,6 % VOL.

Caractère malté onctueux, ponctué de caramel, saveur houblonnée robuste issue de l'houblonnage à sec, et amertume persistante.

James Squire Porter

PORTER 5 % VOL.

Soupçons de café, de chocolat noir et de fruits noirs. Finale homogène.

Marston's

Burton upon Trent, Staffordshire,
DE14 2BW **ANGLETERRE**
www.marstonsbeercompany.co.uk

La société gère trois sites de production : la Park Brewery à Wolverhampton, qui brasse les bières Banks, Hanson et Mansfield ; la Jennings Brewery de Cockermouth dans le Lake District, et l'Albion Brewery de Burton-on-Trent. Au cours de sa longue existence, elle a racheté plusieurs de ses concurrents. En 1999, elle fut elle-même reprise par Wolverhampton & Dudley Breweries, qui lui donna le nouveau nom de Marston's PLC en 2007.

Pedigree

BEST BITTER 4,4 % VOL.

Une institution britannique – chargée en houblon, avec une vague d'arôme soufré caractérisant les ales de Burton.

Old Empire

INDIA PALE ALE 5,7 % VOL.

IPA sophistiquée, avec des saveurs de houblons et de fruits, et une finale sèche très houblonnée.

Matilda Bay

130 Stirling Highway, North Fremantle, Australie-Occidentale 6159, **AUSTRALIE**
www.matildabay.com.au

La première microbrasserie moderne d'Australie apparut à Fremantle en 1984, elle fut rachetée par Foster six ans plus tard, et fut récemment relancée. Les bières d'origine telles que la Redback (une hefeweizen) et la Dogbolter (une dark lager) ont été complétées par une gamme de styles diversifiée. La production récente fut réalisée essentiellement sous le contrôle du maître brasseur Brad Rogers, qui a depuis quitté Foster pour créer sa propre brasserie.

Dogbolter

DARK LAGER 5,2 % VOL.
Notes torréfiées de chocolat noir, milieu de palais complexe, finale homogène évoquant le café.

Bohemian Pilsner

PILSNER TCHÈQUE 5 % VOL.
Le caractère malté solide est bien équilibré par une amertume houblonnée.

McAuslan

5080 St-Ambroise, Montréal,
Québec, H4C 2G1, **CANADA**
www.mcauslan.com

McAuslan Brewing fut fondée en janvier 1989 par Peter McAuslan, désireux de professionnaliser son loisir de brasseur amateur. L'établissement devint vite l'une des meilleurs microbrasseries de la région, et la première au Canada à conditionner ses produits en bouteilles. Elle élabore également une gamme de bières de saison.

St-Ambroise Apricot Ale

BIÈRE DE FROMENT FRUITÉE 5 % VOL.
L'essence d'abricot et le froment malté s'associent pour créer une bière à la saveur originale, au nez net et fruité.

St-Ambroise Oatmeal Stout

STOUT 5 % VOL.
Brassée avec des malts noirs et de l'orge torréfiée, cette stout dégage des notes d'expresso et de chocolat.

Meantime

Greenwich, Londres, SE7 8RX
ANGLETERRE
www.meantimebrewing.com

Cette brasserie veut être considérée comme un établissement à part. Cela peut sembler présomptueux, mais le maître brasseur Alastair Hook est déterminé : prouver le potentiel de saveurs originales de ses bières.

SECRET DE BRASSERIE La recherche ludique faite sur les bières ancestrales est une passion forte du maître brasseur, comme en témoigne son IPA.

Meantime Chocolate

STRONG BITTER SPÉCIALE 6,5 % VOL.
Structure maltée complexe, avec du chocolat noir dégageant des notes de vanille. Bière riche, inoubliable.

India Pale Ale

INDIA PALE ALE 7,5 % VOL.
Densément houblonnée, avec des niveaux d'aromates, d'épices et d'herbe s'emparant de la force de cette IPA originale.

Mendocino

South Highway 101, Hopland,
Californie 13351, **É.-U.**
www.mendobrew.com

Mendocino Brewing fut l'une des premières brasseries « boutiques » américaines (comme on les appelait à l'époque) prospères. Ouverte en 1983 sous le nom de Hopland Brewery, elle acheta l'équipement, produisit sa levure maison, et a gardé quelques employés de la brasserie avant-gardiste New Albion, désormais fermée.

Red Tail Ale

ALE AMBRÉE 6,1 % VOL.
Nez terreux avec des soupçons de fruits du verger. Couches de malt crémeux avec des notes de réglisse.

Blue Heron

PALE ALE 6,1 % VOL.
Zeste d'orange et de citron en attaque, menant aux saveurs de malt biscuité traditionnelles, et à une amertume modérée et équilibrée.

Mettlacher Abteibräu

Bahnhofstr. 32, 66693 Mettlach, **ALLEMAGNE**
www.abtei-brauerei.de

Mettlacher est spécialisée dans les bières naturelles non filtrées. Depuis le restaurant, la clientèle peut observer le processus de brassage. Les brasseurs promeuvent les bières régionales et proposent des cours de brassage.

SECRET DE BRASSERIE
Les ingrédients de qualité et les techniques modernes garantissent le succès de la brasserie.

Abtei-Bock

BOCK 6,2 % VOL.
Bock fortement torréfiée avec des arômes grillés évidents et une saveur intense de houblons fins.

Abtei-Josef-Sud

BIÈRE DE FROMENT 5,1 % VOL.
Robe ambrée, effervescente, arômes typiques issus du mash de malt de froment et d'orge.

Michigan

1093 Highview Drive, Webberville, Michigan 48892, **É.-U.**
www.michiganbrewing.com

Michigan Brewing était l'une des plus grandes brasseries de l'État avant de racheter la marque Celis, désormais disparue, au géant international Miller. Pourtant, elle est aujourd'hui uniquement réputée pour cette gamme de bières de style belge créée par Pierre Celis (ancien brasseur de Hoegaarden). Celis participa même au brassage des premières cuvées dans le Michigan.

Celis White

WITBIER 4,25 % VOL.
Trouble, aux accents de coriandre, avec agrumes omniprésents, aigreur de froment et finale douce.

Mackinac Pale Ale

PALE ALE 5,5 % VOL.
Robe orange doré, pas tout à fait pâle, avec un important caractère fruité donné par le malt. Houblons américains de terre et d'agrumes.

Mikkeller

Slien 2, 2.tv,
DK-1766 Copenhagen, **DANEMARK**
www.mikkeller.dk

Cette brasserie innovante produit une gamme de bières éclectique, et adopte une démarche brassicole américaine révolutionnaire. Plusieurs de ses bières lui valent une reconnaissance mondiale.

SECRET DE BRASSERIE La brasserie commercialise la Black, la bière la plus forte jamais produite au Danemark.

Beer Geek Breakfast

STOUT À L'AVOINE 7,5 % VOL.
Stout médaillée, au nez riche, à la saveur souple et équilibrée, et aux notes de café et de chocolat.

Black

IMPERIAL STOUT 17,5 % VOL.
Corps exceptionnel composé de sucres, de grains de café, et de chocolat noir ; l'arrière-goût est complexe et persistant.

Minhas

1208 14th Avenue, Monroe,
Wisconsin 53566, **É.-U.**
www.minhasbrewery.com

Ravinder Minhas avait 24 ans lorsqu'il racheta la brasserie Joseph Huber en 2006 pour élaborer ses bières Mountain Creek, brassées avant sous contrat à Monroe pour une distribution canadienne. Minhas Craft Brewery produit les marques Huber (datant de 1843), les bières Berghoff, ainsi qu'une gamme de bières maison distribuée dans les grandes surfaces.

Lazy Mutt

GOLDEN ALE 4,8 % VOL.

Première bière produite sous la marque Minhas, présentée comme une « bière fermière », mais plus bière d'été que bière de saison.

Huber Bock

BOCK 5,4 % VOL.

Caractère sec et de pain grillé, et notes de caramel. À déguster au Baumgartner's Cheese Store & Tavern.

Minoh AJI

3-19-11 Makiochi, Minoh City,
Osaka 562-0004, **JAPON**
www.minoh-beer.jp

Fondée par Masaji Oshita, propriétaire d'une boutique de liqueurs, et dirigée par ses deux filles, la brasserie Minoh AJI élabore surtout des bières inspirées des styles artisanaux américains.

SECRET DE BRASSERIE Deux des bières de cette brasserie contiennent du chanvre et une est brassée avec du jus de raisins cabernet sauvignon.

Minoh AJI Stout

STOUT 5,5 % VOL.

Brassée dans le style irlandais ; saveurs de torréfaction, texture crémeuse et amertume discrète.

Double IPA

STRONG IPA 9 % VOL.

Vive et fascinante, cette bière forte est pour l'instant produite en bière de saison, mais son succès pourrait entraîner une production continue.

Moa

Jacksons Rd, RD3 Blenheim,
NOUVELLE-ZÉLANDE
www.moabeer.co.nz

Au cœur des vignes de Marlborough, la brasserie et salle de dégustation Moa fut créée par un viticulteur, Josh Scott, désireux de brasser des super premium avec la méthode champenoise utilisée pour l'élaboration des vins pétillants.

SECRET DE BRASSERIE Les grandes bouteilles de 75 cl sont issues de la méthode de production traditionnelle.

Moa Original

PILS EN BOUTEILLES 5,5 % VOL.
Le contact prolongé avec la levure produit une pilsner vive et sèche, avec une saveur de pain grillé.

Moa Blanc

BIÈRE DE FROMENT EN BOUTEILLES 5,5 % VOL.
Sèche et vive, avec des soupçons de banane et de vanille, carbonisation naturelle douce.

Moctezuma

Monterrey/Veracruz-Llave,
MEXIQUE
www.femsa.com

Brasserie la plus innovante du Mexique, Moctezuma a aussi des entreprises au Brésil et est un exportateur majeur de bière aux États-Unis. Elle présente un catalogue de marques épatant, qui comprend Tecate, Dos Equis, Sol, Indio, Bohemia et Carta Blanc, dont la plupart est vendue dans les bars chics du monde entier. Ses bières sont souvent souples, avec une finale éclatante.

Dos Equis

LAGER VIENNOISE 4,8 % VOL.
Roux foncé et riche, avec des saveurs de chocolat et d'orange. Sa douceur mène à une longue finale.

Sol

LAGER 4,5 % VOL.
Lager vive, de corps léger, avec un arôme de sirop de maïs.

De Molen

Overtocht 43, 2411 BS Bodegraven,
PAYS-BAS
www.brouwerijdemolen.nl

Depuis ses débuts en 2004, le brasseur Menno Olivier s'est forgé une bonne réputation. Sa microbrasserie est l'une des rares aux Pays-Bas à exporter ses produits ; sa bière en fûts, Engel, est élaborée pour le marché anglais.

SECRET DE BRASSERIE Pour les amateurs, la Tsarina Esra, une imperial porter, est l'une des meilleures bières d'Europe.

Borefts Blond

BLOND ALE 6,5 % VOL.

À la différence de nombreuses bières blondes, les houblons sont prédominants. Saveurs d'orange, de pin, de résine et de gazon.

Borefts Stout

STOUT 7 % VOL.

A toutes les saveurs de malt torréfié que l'on attend d'une stout. Complexe, harmonieuse et riche en caractère.

Biervision Monstein

Monstein, CH-7278 Davos, **SUISSE**
www.biervision-monstein.ch

Andreas Aegerter et Christian Ochs ouvrirent cette brasserie située en haut des montagnes près de Davos en 2001, soutenus par 756 petits investisseurs (de fidèles clients). Tous partagent cette opinion que les bières inhabituelles représentent un marché, comme les produits dérivés de la bière tels que le fromage au malt, ou les alcools forts distillés à partir de la bière.

Mungga

KÖLSCH 3,5 % VOL.

Brassée avec des ingrédients suisses bio, la Mungga dégage des arômes de violette, un goût sec et une amertume raffinée.

Royal 11

BIÈRE ÉPICÉE 6,5 % VOL.

Rousse, avec d'agréables arômes de cerises (issus de la liqueur locale Röteli) ; fruitée et légèrement amère.

Moo Brew

655 Main Road, Berriedale, Hobart, Tasmanie 7011, **AUSTRALIE**
www.moobrew.com.au

Cette microbrasserie est située sur un site exceptionnel, la façade vitrée offre au deuxième étage une vue sur le fleuve Derwent et le mont Wellington. Ramification du vignoble Moorilla Estate, Moo Brew a créé une nouvelle référence en matière de brasseries artisanales australiennes, avec ses bières au caractère brut, au design novateur et aux prix élevés.

Moo Brew Pilsner

PILSNER TCHÈQUE 5 % VOL.
Robe blonde étincelante, caractère de malt mielleux équilibré par une amertume de houblon herbeux.

Moo Brew Pale Ale

PALE ALE AMÉRICAINE 4,9 % VOL.
Arômes d'agrumes, les notes de pamplemousse dominent le milieu de palais, arrondi par une finale imposante, amère et picotante.

Moorhouse's

Burnley, Lancashire, BB11 5EN
ANGLETERRE
www.moorhouses.co.uk

L'eau minérale et les bitter houblonnées à faible teneur en alcool étaient les points forts de William Moorhouse. Ce dernier créa sa brasserie en 1865, mais ses successeurs firent stagner la production jusqu'en 1988, après un investissement dans du matériel. Des améliorations accélérèrent la croissance de l'entreprise, qui se forgea ainsi une bonne réputation.

Pendle Witches Brew

STRONG BITTER 5,1 % VOL.
Singulière, à la robe ambrée, au palais richement malté et à la finale houblonnée marquée par un retour de fruit.

Black Cat

MILD 3,4 % VOL.
Riche, brune et complexe, avec des saveurs nettes de malt chocolat et de réglisse, et une finale houblonnée.

Moosehead

89 Main Street West, Saint John,
Nouveau-Brunswick, E2M 3H2,
CANADA
www.moosehead.ca

Les origines de la plus ancienne brasserie indépendante du Canada remontent à 1867, lorsque Susannah Oland se mit à brasser de la bière dans l'arrière-cour de sa ferme en Nouvelle-Écosse. Aujourd'hui, la famille Oland possède et gère toujours la brasserie. Moosehead détient des parts dans la société McAuslan et est l'unique propriétaire de Niagara Falls Brewing Company.

Moosehead Lager

LAGER 5 % VOL.

Bière de dégustation à la robe paille clair, à la saveur nette, meilleure servie très fraîche.

Clancy Amber Ale

ALE 5 % VOL.

Bière rousse, à l'arôme malté distinct et aux superpositions de caramel.

Multi Bintang

Surabaya, Java centrale,
INDONÉSIE
www.multibintang.co.id

La plus grande brasserie d'Indonésie produit une gamme de boissons dont les marques Bir Bitang, Heineken, Guinness Stout et Green Sands, peu alcoolisées. Fondée en 1929, elle vendit une part de sa société à Heineken dans les années 1930. Elle fut reprise par le gouvernement en 1957, et puis réinvestie en 1967 par Heineken, qui détient la majeure partie de son capital.

Bintang Bir Pilsener

LAGER 4,8 % VOL.
Arôme malté frais laissant place à une finale houblonnée sèche et amère – cette bière s'inspire clairement de son ancêtre néerlandais.

Bintang Gold

LAGER 4,8 % VOL.
Variante de la pilsner, légèrement plus foncée, brassée pour fêter le 50e anniversaire de la République.

New Belgium

500 Linden Street, Fort Collins, Colorado 80524, **É.-U.**
www.newbelgium.com

Jeff Lebesch et Kim Jordan débutèrent dans leur cave, en 1991, avec un système conçu pour produire des bières belges. Ils gèrent aujourd'hui la troisième plus grande brasserie artisanale des États-Unis. Surtout réputée pour la Fat Tire Ale, la brasserie propose une gamme assez large, comportant la Blue Paddle Pilsener.

SECRET DE BRASSERIE Sa capacité de stockage de bières vieillies en fûts est supérieure à celle de toutes les autres brasseries, exceptées Rodenbach.

Fat Tire

ALE AMBRÉE **5,3** % VOL.
Nez biscuité et malté, avec caramel grillé en milieu de bouche et finale équilibrée sèche, mais plutôt sucrée.

Mothership Wit

WITBIER **4,8** % VOL.
Première bière bio de la brasserie. Fruitée et épicée; aigreur de froment sur la langue.

New Glarus

Highway 69, New Glarus,
Wisconsin 53574, **É.-U.**
www.newglarusbrewing.com

En 2008, New Glarus Brewing s'installa sur un site d'une valeur de 21 millions de dollars, en périphérie d'un village fondé par les colons suisses en 1845. En 2002, l'entreprise n'était qu'une microbrasserie, et produisait 13 700 fûts de bière ; en 2007, ce résultat avait quintuplé. La nouvelle extension permet à la brasserie de doubler sa capacité de production et de satisfaire la demande du maître brasseur Dan Carey en matière de bières fruitées et d'éditions limitées « Unplugged ».

Spotted Cow

CREAM ALE 4,8 % VOL.

Faiblement fruitée, goût de pêches fraîches. Agréablement céréalière, légère sur la langue et désaltérante.

Fat Squirrel

BROWN ALE 5,5 % VOL.

Nez de noisettes, saveurs de chocolat et caramel. Houblons terreux.

New Holland

690 Commerce Court, Holland,
Michigan 49423, **É.-U.**
www.newhollandbrew.com

Les capsules des bouteilles de bière New Holland portent le slogan « Art in Fermented Form », qui s'applique aussi bien à la bière qu'à une gamme de vodka, de gin, de rhum et autres alcools. Pour satisfaire la demande en bières franches, la brasserie a depuis peu installé une salle de brassage équipée de trois cuves à dômes de cuivre achetées en Allemagne.

The Poet

OATMEAL STOUT 6,5 % VOL.
Torréfaction abondante, chocolat et fruits noirs évoquant le rhum. De corps plein, et assez crémeuse pour équilibrer l'attaque de café.

Black Tulip

TRIPLE 9 % VOL.
Florale, avec douceur de bonbon et de miel. Saveur sucrée et aigre en bouche, houblons épicés et amers.

Nils Oscar

Fruängsgatan 2, SE-611 31
Nyköping, **SUÈDE**
www.nilsoscar.se

Cette microbrasserie et distillerie fut fondée en 1996. Elle élabore des bières bien équilibrées et a remporté de nombreux prix, dont quatre médailles à la World Beer Cup.

SECRET DE BRASSERIE Nils Oscar a ses propres aires de maltage et une ferme où sont cultivées l'orge et d'autres céréales destinées au maltage.

Imperial Stout

IMPERIAL STOUT 7 % VOL.
Bon équilibre et richesse ; arômes de chocolat et de caramel menant à une finale douce-amère.

India Ale

INDIA PALE ALE 5,3 % VOL.
Les houblons Amarillo confèrent un arôme de fruits exotiques. Saveur fruitée équilibrée par la douceur du malt Cristal.

Nøgne Ø

Gamle Rykene Kraftstasjon,
Lunde N-4885 Grimstad, **NORVÈGE**
www.nogne-o.com

Kjetil Jikiun ouvrit la brasserie Nøgne Ø (« l'île nue ») en 2003, après s'être formé aux États-Unis. Aujourd'hui, sa brasserie est le plus grand producteur norvégien de bière en bouteilles.

SECRET DE BRASSERIE Les bières sont élaborées à partir d'un mélange de malt britannique et de houblons américains.

Saison

BIÈRE DE SAISON 6,5 % VOL.

Les houblons East Kent Goldings et Crystal et la levure belge produisent un breuvage léger et rafraîchissant, disponible toute l'année.

Imperial Stout

IMPERIAL STOUT 9 % VOL.

Bière de fermentation haute brune et riche ; douceur généreuse et amertume issues des malts torréfiés.

North Coast

455 North Main Street, Fort Bragg, Californie 95437, **É.-U.**
www.northcoastbrewing.com

Depuis son ouverture en 1988, North Coast a projeté une ombre bien plus grande que ses niveaux de production ne le laissaient penser. Elle commercialise ses bières dans 36 États et exporte en Europe et dans la zone pacifique. Mark Ruedrich, maître brasseur, a élargi la réputation de North Coast en travaillant avec succès sur des styles de bières particuliers. Une partie des profits générés par la vente d'une de ces bières, la Borther Thelonious, est attribuée au Thelenious Monk Institue of Jazz.

Old Rasputin

IMPERIAL STOUT 11,6 % VOL.
Puissante mais riche en saveurs – chocolat, orge brûlée, rhum, caramel, fruits noirs séchés et expresso.

Brother Thelonious

STRONG DARK ALE BELGE 9,3 % VOL.
Arômes épicés et de bonbon, avec fruits noirs, notes de bananes et de sucre.

Oakham

Peterborough, Cambridgeshire,
PE2 7JB **ANGLETERRE**
www.oakhamales.com

Cette brasserie artisanale, à l'origine modeste, a connu une croissance impressionnante. Le propriétaire initial vendit l'entreprise en 1995, mais celle-ci a conservé son ambition première.

SECRET DE BRASSERIE Les variétés de houblons américains, au caractère floral puissant, sont l'ingrédient majeur de la gamme.

Jeffrey Hudson Bitter / JHB

BITTER 3,8 % VOL.
Les arômes houblonnés acidulés dominent et se poursuivent sur le palais, où ils se mêlent à des saveurs de malt délicieuses.

White Dwarf

BIÈRE DE FROMENT 4,3 % VOL.
Bière de froment de style anglais, avec une amertume robuste qui s'adoucit et révèle des nuances fruitées.

Ochakovo

44, Riabinivaya, Moscou, **RUSSIE**
www.ochakovo.ru

Ochakovo tente de conserver son statut de dernière brasserie russe indépendante. Son site de production d'origine a été converti en musée, qui présente le processus de brassage ainsi que de nombreux objets relatifs à la brassiculture datant du XIXe siècle.

SECRET DE BRASSERIE En 2005, Ochakovo lança une bière « vivante » non pasteurisée et non filtrée.

Ochakovo Classic

LAGER 5 % VOL.

Robe jaune maïs, touches intenses de malt et finale houblonnée.

Ochakovo Ruby

LAGER VIENNOISE 3,9 % VOL.

Robe rubis pâle, arômes de fruits d'hiver et notes florales, soupçons prononcés de caramel sur le palais.

Okell's

Douglas, île de Man,
IM2 1QG **ANGLETERRE**
www.okells.co.uk

Cette brasserie fonctionnant à la vapeur, fondée en 1874 par le Dr William Okell – qui conçut lui-même les plans –, était à l'époque considérée comme l'une des plus sophistiquées du monde. La nouvelle entreprise, ouverte en 1994, en est l'équivalent moderne. Elle est contrôlée par ordinateur, mais la passion et l'engagement initiaux n'ont pas fléchi.

Dr Okell's IPA

INDIA PALE ALE 4,4 % VOL.

Le potentiel sucré est compensé par une ruée de houblon donnant une saveur ronde générale, relevée par des notes de citron.

Okell's Bitter

BITTER 3,7 % VOL.

Robe claire et saveur complexe, soupçons de miel et finale sèche se prolongeant longuement.

Ommegang

656 County Highway 33,
Cooperstown, New York 13326, **É.-U.**
www.ommegang.com

Appartenant à la brasserie belge Duvel Moortgat, Ommegang élabore des bières dans la tradition belge depuis 1997 et les commercialise en quantité limitée dans la majeure partie des États-Unis. L'été, Ommegang organise l'un des meilleurs festivals de la bière aux États-Unis, le Belgium Comes to Cooperstown, sur le site pittoresque de la brasserie, à l'écart de la ville.

Hennepin

BIÈRE DE SAISON 7,7 % VOL.

Poivre et épices omniprésents. Notes de levures, agrumes plus abondants sur le palais. Aigre et sèche.

Ommegang Abbey Ale

STRONG DARK ALE BELGE 8,5 % VOL.

Bière phare de la brasserie, élaborée dans l'esprit d'une bière de Noël. Riche et chocolatée, avec réglisse et épices festives sous-jacentes.

Orkney

Stromness, Orcades,
KW16 3LT **ÉCOSSE**
www.orkneybrewery.co.uk

Suivant une démarche respectueuse de l'environnement, la brasserie recycle ses eaux en les filtrant dans deux lochs voisins abritant poissons et gibier d'eau. La brasserie fut fondée en 1988, puis totalement modernisée en 1994. De récentes extensions ont permis de créer un centre touristique et une boutique, et d'accroître le rendement.

Dark Island

STRONG BITTER 4,6 % VOL.
Rouge rubis, mystérieuse, avec du cassis sur le nez et un palais de malt richement torréfié.

Skullsplitter

BARLEY WINE 8,5 % VOL.
Nez vigoureusement malté, soupçons de pomme, houblons épicés, et quelques notes de noix sur la saveur complexe.

Orval

2, Abbaye de Notre-Dame d'Orval,
B6823 Villers-devant-Orval,
BELGIQUE
www.orval.be

L'unique bière trappiste Orval est le symbole de l'abbaye : une des plus belles dans le style art nouveau, et composant avec les ruines médiévales environnantes. Le design du verre, de la bouteille et des produits dérivés témoignent d'une recherche esthétique.
Les ruines peuvent être visitées, mais ce n'est pas hélas le cas de la brasserie.

Orval

ALE AMBRÉE 6,2 % VOL.
Bière ultra-sèche, elle doit son caractère essentiellement aux levures Brettanomyces (à la différence de celles qui définissent les lambics) et à une forte proportion de houblons secs.

Ostravar

Hornopolní 57, 728 25 Ostrava 1,
RÉPUBLIQUE TCHÈQUE
www.ostravar.cz

La troisième ville de République tchèque est plus proche de Katowice en Pologne ou de Vienne en Autriche que de Prague, et ses brasseries se targuent d'être « différentes ». Les bières d'Ostravar reflètent cette position stratégique et sont élaborées selon un savoir-faire traditionnel. Cependant, depuis 2000, la brasserie est la propriété de géants internationaux, actuellement InBev.

Ostravar Premium

PREMIUM LAGER 5,1 % VOL.

Une mousse riche annonçant des arômes de malt et de houblon planant sur un mordant amer et de corps plein.

Ostravar Kelt

STOUT 4,8 % VOL.

Une stout dans le style irlandais ; les arômes de houblon et d'orge maltée se poursuivent sur le palais.

Otter Creek

793 Exchange Street, Middlebury,
Vermont 05753, **É.-U.**
www.ottercreekbrewing.com

La famille Wolaver acheta la brasserie Otter Creek, déjà bien établie, en 2002, pour élaborer des bières bio, produites auparavant sous contrat dans d'autres brasseries. Les bières Otter Creek sont toujours brassées, et une gamme « World Tour » comprend la Otter Mon (une stout de type jamaïquain) et la Otteroo (une lager de type australien).

Otter Creek Copper Ale

ALTBIER 5,4 % VOL.

Arômes et saveurs riches, complexes et maltés, avec une amertume sournoise prolongeant la finale.

Wolaver's Oatmeal Stout

OATMEAL STOUT 5,9 % VOL.

Chocolat et café torréfié en attaque, se mêlant à des notes crémeuses en bouche. De corps plein, mais finale plutôt sèche.

Palmer's

Bridport, Dorset,
DT6 4JA **ANGLETERRE**
www.palmersbrewery.com

Depuis plus de 200 ans, Palmer's élabore ses bières sur le site d'origine. De l'extérieur, la brasserie s'est altérée avec le temps, mais elle reste une entreprise contemporaine, proposant une gamme de bière diversifiée.

SECRET DE BRASSERIE L'orge maltée Maris Otter et les houblons Goldings donnent leur caractère fruité à ces bières.

Traditional Best Bitter

BEST BITTER 4,2 % VOL.
Dans le style d'une IPA, houblonnée, avec des notes sous-jacentes de fruit et de malt.

Tally Ho!

STRONG BITTER 5,5 % VOL.
Brune, avec une saveur distincte de noix, une complexité de corps riche émergeant progressivement, puis laissant un arrière-goût persistant.

Panil (Torrechiara)

Strada Pilastro 35/a,
43010 Torrechiara (Parme), **ITALIE**
www.panilbeer.com

Renzo Losi, diplômé en biologie, fit sa percée dans le monde brassicole en 2000, lorsque son père, viticulteur, l'autorisa à brasser de la bière sur le domaine familial, au sud de Parme.

SECRET DE BRASSERIE Les liens avec la tradition familiale viticole sont maintenus grâce à l'usage de fûts de chêne et de levures spumante.

Panil Barriquée Sour

SOUR RED FLAMANDE 8 % VOL.
Produit phare de la maison, vieillie en fûts de chêne pendant 3 mois. Aigre, vineuse et intransigeante.

Divina

BIÈRE SAUVAGE 5,5 % VOL.
Bière issue de fermentation spontanée. Aigre-douce, elle est marquée par la levure ainsi que par les agrumes.

Pelican

33180 Cape Kiwanda Drive,
Pacific City, Oregon 97135, **É.-U.**
www.pelicanbrewery.com

Pelican est située exactement au sud de Cape Kiwanda, l'un des sites américains les plus photographiés. En dehors du pub, les bières sont vendues en petites quantités.

SECRET DE BRASSERIE Les India Pelican Ale et Doryman's Dark ont été désignées Grand Champion Beer aux Australian International Beer Awards.

Doryman's Dark Ale

BROWN ALE 5,8 % VOL.
Caractéristiques du malt (caramel, noix torréfiées, cacao, café) équilibrées par les houblons Northwest.

Tsunami Stout

STOUT 7 % VOL.
Très noire, mousse crémeuse. Café et chocolat sur le nez et le palais. Riche, presque crémeuse. Acidité agréable et mordante sur la finale.

Pete's

14800 San Pedro Avenue, San Antonio, Texas 78232, **É.-U.**
www.petes.com

Pete's Brewing fut autrefois leader de la nouvelle vague de brasseries américaines. En 1988, Pete Slosberg, le fondateur, céda l'entreprise à Gambrinus, basée à San Antonio, et la marque n'a pas connu le même succès que les autres marques Gambrinus. Brassée sous contrat à New York, la bière Pete's est moins distribuée actuellement.

Pete's Wicked Ale

BROWN ALE 5,3 % VOL.

Jadis brassée selon la recette originale de Slosberg, cette brown ale a perdu de son mordant lorsque le taux de houblonnage a été divisé par deux.

Wicked Strawberry Blond

BIÈRE FRUITÉE 5 % VOL.

Robe plus blonde que fraise, mais la saveur sucrée de la fraise commence sur le nez et se poursuit sur la finale.

Piccolo Birrificio

Via iv Novembre 20,
18035 Apricale (Imperia), **ITALIE**
www.piccolobirrificio.com

Cette microbrasserie fondée en 2005 est implantée dans une ancienne huilerie d'olive dans le charmant village médiéval d'Apricale, non loin de la frontière française. Le brasseur Lorenzo Bottoni produit une gamme de bières raffinées sous la marque Nüa (« nues »), dont certaines insolites sont brassées avec des fruits et des plantes locaux.

Sesonette

BIÈRE DE SAISON BELGE 6,5 % VOL.
Vieillie en fûts de chardonnay avec des épices et de l'écorce de chinotto (petit agrume amer).

Chiostro

BIÈRE ÉPICÉE 5 % VOL.
Épicée avec de l'absinthe, puis fermentée avec des levures trappistes conférant des arômes et des saveurs complexes et uniques.

Pietra

Route de la Marana,
20600 Furiani, **FRANCE**
www.brasseriepietra.com

La première brasserie corse ouvrit en 1996. Les brasseurs Armelle et Dominique Sialelli utilisent des produits issus de leur île natale, tels que les plantes du maquis et la farine de châtaigne, qui sont moins des aromates que des ingrédients à part entière. La Biera Corsa fut récompensée d'un large succès, en Corse et à l'étranger.

Colomba

BIÈRE DE FROMENT 5 % VOL.

Très fraîche et aiguisée, avec des arômes inhabituels d'arbouse, de myrte et de genièvre. Une bière d'été rafraîchissante.

Pietra

LAGER AMBRÉE 6 % VOL.

Saveurs raffinées de malts torréfiés, notes de noix et légère amertume.

Pilsner Urquell

U Prazdroje 7, 304 97 Plzen,
RÉPUBLIQUE TCHÈQUE
www.pilsner-urquell.cz

Les Tchèques nous ont apporté le four à micro-ondes, les lentilles de contact et la bière qui a changé le monde. Toutefois, c'est un Bavarois qui joua le rôle majeur dans l'histoire de Pilsner Urquell. Jeune brasseur, Josef Groll présenta sa première pilsner le 4 octobre 1842. Cette bière blond clair se répandit dans toute l'Europe comme une traînée de poudre.

Pilsner Urquell

CLASSIC PILSNER 4,4 % VOL.
Idéalement, la mousse dense forme une épaisseur de 35 mm et laisse une dentelle sur le verre à chaque gorgée. Bière évoquant des herbes aromatiques et des fruits en conserve et développant une note de malt piquante sucrée et omniprésente, et une finale enveloppante.

ROUTE DE LA BIÈRE

PRAGUE, RÉPUBLIQUE TCHÈQUE

La ville de Prague est l'une des meilleures destinations pour les amateurs de bière. On commence la visite par la place de la Vieille-Ville (Staromestské námestí) pour admirer la célèbre horloge astronomique du xve siècle, l'une des plus vieilles du monde encore en fonctionnement. La place est bordée de nombreux bars, dont les terrasses empiètent sur les trottoirs.

1 PLACE DE LA VIEILLE-VILLE
Installez-vous en terrasse et savourez une bière parmi les milliers de touristes qui s'amassent dans la capitale tchèque. Souvent, des groupes de musiciens et de danseurs se produisent sur la place.

2 U ZLATÉHO TYGRA
L'un des bars les plus anciens et les plus typiques de la vieille ville, U Zlatého Tygra est rempli de petites tables rassemblant les habitants pris dans des discussions animées – tenez-vous prêt. L'endroit est apprécié de l'écrivain et ancien président tchèque Václav Havel, et l'ex-président américain Clinton s'y est déjà attablé. La Pilsner Urquell non pasteurisée que l'on y sert est réputée pour être la meilleure de Prague. ***Husova 17, Prague***

3 U PINKASŮ
En 1843, U Pinkasů fut le premier bar pragois à servir la Pilsner Urquell, qui est toujours présente sur la carte. Le bar fut sauvé de la fermeture en 2000, après une rénovation complète. Plus récemment, de nouveaux travaux ont permis d'agrandir le bâtiment. ***Jungmannovo nám, 16/15, Prague***

4 NOVOMĚSTSKÝ PIVOVAR

L'entrée de style art déco mène à travers une ruelle bordée de boutiques jusqu'à ce pub, restaurant et brasserie en lambris. On y propose des bières blondes et brunes non filtrées. Les plats sont typiquement tchèques, et comprennent les spécialités goulash, soupe de tripes et gigot rôti. ***Vodickova 20, Prague***

5 PIVODUM

Le bar-restaurant Pivodum est dominé par les cuivres scintillants. On y sert des bières tchèques traditionnelles, ainsi que d'autres breuvages intéressants, dont une bière à la cerise aigre, une bière au café, et la Samp, un champagne à la bière. Les groupes peuvent prendre huit bières pour le prix de sept, servies en girafe. La carte propose un plateau de dégustation de huit bières. ***Ječná/Lípová 15, Prague***

6 U FLEKŮ

L'endroit, envahi par les touristes, est immanquable. Le brassage de la bière a commencé en 1499 dans cet établissement, dont on pense qu'il serait le plus ancien pub-brasserie au monde. Il est découpé en plusieurs salles spacieuses, dont une est réservée à une fanfare retentissante. Des visites quotidiennes du petit musée et de la brasserie sont organisées. La bière de la maison est la Flekovsky tmavy lezáck, disponible en blonde ou en brune. ***Kremencova 11, Prague***

De Prael

Helicopterstraat 13-15,
1059 CE Amsterdam, **PAYS-BAS**
www.deprael.nl

Fondée avec l'aide de subventions gouvernementales, la plus petite brasserie d'Amsterdam emploie des patients psychiatriques en voie de guérison. Le nom d'origine, De Parel (« La perle »), dut être changé car Budels estima qu'il enfreignait les droits de leur marque de bière Parel. La solution consista à changer l'ordre des lettres dans le nom.

Heintje

WITBIER 5,4 % VOL.
Non épicée, mais avec des arômes d'agrumes proéminents, une touche de fruit et une finale houblonnée inattendue.

Mary

BARLEY WINE 9,6 % VOL.
Ni le malt ni le houblon ne dominent cette bière forte et fruitée. Notes de poivre, de caramel et de toffee.

Quilmes

Tte. Gral. Juan D. Peron 667 103,
Buenos Aires, **ARGENTINE**
www.quilmes.com.ar

Bière dominante en Argentine, Quilmes appartient aujourd'hui à InBev. Comme de nombreuses brasseries en Amérique du Sud, elle fut créée par un Allemand, Otto Bemberg, dans les années 1880, et elle était alors dotée d'une entreprise de maltage. « Quilmes » est dérivé d'un nom indigène désignant l'endroit où est située la brasserie.

Quilmes Cristal

LAGER 4,9 % VOL.

Légère, pâle, sans distractions aromatiques. Accessible au palais et dégageant une douceur rafraîchissante.

Quilmes Stout

STOUT 4,8 % VOL.

La cacophonie de trois malts retient l'attention – mais les saveurs de café attendues sont submergées par la douceur.

Radegast

739 51 Nošovice,
RÉPUBLIQUE TCHÈQUE
www.radegast.cz

Radegast, qui signifie approximativement « cher hôte », était le dieu slave de la fertilité et des cultures, puis également dieu de l'hospitalité. Bien qu'elle se soit ainsi ancrée dans les temps anciens, la brasserie fut fondée en 1970. Elle demeure l'un des producteurs de bière tchèques les plus avancés dans le domaine technique.

Radegast Original

PILSNER 4 % VOL.

Nez de malt léger et de houblon épicé, saveurs de malt sucré, et une amertume vive et céréalière.

Radegast Premium

PREMIUM LAGER 5 % VOL.

L'arôme typiquement houblonné et l'intensité de malt modérément sucré s'attardent sur des notes céréalières.

Refsvindinge Brewery

Nyborgvej 80,
DK-5853 Ørbæk, **DANEMARK**
www.bryggerietrefsvindinge.dk

Depuis 1885, quatre générations ont dirigé cette ferme brasserie. L'établissement fut parmi les premiers à brasser de la bière au Danemark. On lui attribue la création de la bière blanche danoise *(hvidtøl)* ainsi que de l'ancienne bière fumée « du bateau » *(skibsøl)*, et de deux autres variétés de bières pour enfants (pas tout à fait sans alcool !).

Ale No. 16

BROWN ALE 5,7 % VOL.
Dark ale typique, bien ronde, produite avec de la levure anglaise pour obtenir une saveur douce et fraîche.

Mors Stout

PORTER 5,7 % VOL.
Porter brun et souple brassé avec du malt torréfié et des fèves de cacao.

Ridna Marka

71 Mikgorod str.Radomyshl,
UKRAINE
www.etalon-beer.com.ua/en

Cette brasserie fut créée en 1886 par les frères Albrechtam, d'origine tchèque. Ils découvrirent que l'eau douce du site était idéale pour la brassiculture. L'entreprise s'est modernisée et a adapté les techniques bavaroises aux ingrédients ukrainiens.

SECRET DE BRASSERIE La salle de brassage a été conçue pour produire des bières de froment authentiques, non filtrées.

Etalon Weissbier

BIÈRE DE FROMENT 5 % VOL.
Épicée, avec une note maltée riche et crémeuse, ainsi qu'une saveur et une finale longues et désaltérantes. Soupçons de banane et de vanille.

Robinson's

Stockport, Cheshire,
SK1 1JJ **ANGLETERRE**
www.frederic-robinson.co.uk

Robinson's, l'une des plus grandes brasseries régionales du Royaume-Uni, fut créée en 1838 sous le nom de Union Inn. La sixième génération de la famille gère l'établissement et supervise la modernisation des techniques.

SECRET DE BRASSERIE La brasserie utilise toujours la souche de levure datant des années 1920.

Old Tom Strong Ale

BARLEY WINE 8,5 % VOL.

De corps plein, avec un mariage d'arôme et de saveur de malt de chocolat, de fruit et de porto.

Unicorn Best Bitter

BEST BITTER 4,2 % VOL.

Blonde, avec du houblon épicé et du malt sur le nez, contré par l'arrivée d'une saveur douce-amère.

Rochefort

8 abbaye de Notre-Dame-de-Saint-Rémy, B5580 Rochefort, **BELGIQUE**
www.trappistes-rochefort.com

Le brassage est réalisé sur ce site depuis 1900, mais Rochefort n'étiquette ses bouteilles de bière que depuis 1998. Rochefort est une petite brasserie trappiste wallonne, mais elle n'exclut pas l'innovation, et elle a embauché Gumer Santos, brasseur non initié, pour travailler sur sa production de bières. Depuis, un nouvel entrepôt a été construit à côté de l'église de l'abbaye, et les quelques visiteurs de l'abbaye sont invités à entrer dans la toute nouvelle salle de dégustation.

Rochefort 6 (red)

BIÈRE D'ABBAYE 7,5 % VOL.

Le chiffre six fait référence à la densité de la bière (1060 de densité initiale). La plus légère et la plus rare des bières Rochefort dégage une saveur très fruitée.

Rochefort 10 (blue)

BIÈRE D'ABBAYE 11,3 % VOL.

Bière trappiste, avec des saveurs de raisins secs, caramel, chocolat et porto.

Rodenbach

Spanjestraat 133-141,
B8800 Roulers, **BELGIQUE**
www.rodenbach.be

La famille Rodenbach s'est lancée dans la brassiculture en 1821 à Roeselare. Appartenant désormais aux brasseries Palm, Rodenbach s'est tournée vers la modernité, sans toutefois oublier les traditions de la maison.

SECRET DE BRASSERIE La « cathédrale » de cuves de fermentation en bois est la plus impressionnante en Belgique.

Rodenbach Classic

OUD BRUIN 5 % VOL.
Portant les signes d'une fermentation mixte et d'une maturation en fûts de bois, cette bière désaltérante est de caractère vineux.

Rodenbach Grand Cru

OUD BRUIN 6,5 % VOL.
Une bière aigre vieillie en fûts de bois : très stricte et sèche, réservée aux connaîsseurs.

Rogue

2320 OSU Drive, Newport,
Oregon 97365, **É.-U.**
www.rogueales.com

Rogue Ales acquit une réputation internationale grâce à des bières basées sur une structure maltée solide, sur laquelle se succèdent d'imposantes couches de houblons. Cette démarche lui valut des centaines de prix et généra le développement d'une « Rogue Nation ».

SECRET DE BRASSERIE Les bières Rogue sont issues de fermentation haute, réalisée à partir de la levure Pacman (levure de la brasserie), très adaptée au conditionnement en bouteilles.

Shakespeare Stout

STOUT 6 % VOL.

Sombre. Saveurs grillées, chocolat, café, fruits noirs et malt costaud. Houblons imposants et équilibrés, et finale homogène grasse/crémeuse.

Dead Guy Ale

HELLER BOCK 6,6 % VOL.

Complexe, riche et fruitée. Arômes de malt, saveur de pain grillé. Houblons vifs et amers. Bière sèche et épicée.

Rooster's

Knaresborough, Yorkshire du Nord,
HG5 8LJ **ANGLETERRE**
www.roosters.co.uk

Les règles sont simples : l'attention accordée à la sélection et à la préparation des ingrédients se retrouve dans la saveur de la bière. Sean Franklin, maître brasseur, ne considère pas la bière comme une simple boisson alcoolisée, mais comme un produit majeur, et d'innovantes infusions de litchi, rose, chocolat et pamplemousse sont extraites des variétés de houblon.

Rooster's Yankee

BITTER 4,3 % VOL.

Aromatique, doucement amère, avec des arômes de fruits exotiques et de raisin Muscat se prolongeant parallèlement au malt acidulé.

Outlaw Wild Mule

BITTER 3,7 % VOL.

Les houblons de Nouvelle-Zélande confèrent à cette bière imposante un caractère de sauvignon blanc.

Rothaus

Badische Staatsbrauerei Rothaus AG, Rothaus 1, 79865 Grafenhausen-Rothaus, **ALLEMAGNE**
www.rothaus.de

La brasserie Rothaus fut fondée en 1791 par l'abbaye bénédictine Saint-Blasien. Aujourd'hui, elle appartient à la région du Bade-Wurtemberg et est l'une des brasseries régionales les plus prospères d'Allemagne. Bien que la brasserie ne fasse aucune publicité, sa Tannenzäpfle est devenue une marque populaire dans tout le pays.

Rothaus Tannenzäpfle

PILSNER 5,1 % VOL.

Tannenzäpfle (« petites pommes de pin ») est une pilsner vive, raffinée et ronde, avec une légère amertume finale.

Rothaus Hefeweizen

BIÈRE DE FROMENT 5,4 % VOL.

Bière de fermentation haute, désaltérante, avec une finale modérément fruitée.

Rouget de Lisle

Rue des Vernes,
39140 Bletterans, **FRANCE**
www.larougetdelisle.com

Fondée en 2002 et nommée d'après le compositeur de la *Marseillaise*, originaire de cette même ville, la brasserie élabore jusqu'à 15 nouvelles bières par an.

SECRET DE BRASSERIE L'absinthe, le pissenlit, le cassis et la gentiane figurent parmi les ingrédients utilisés pour remplacer le houblon.

Fourche Du Diable

LAGER 5,4 % VOL.
Ambrée, arômes floraux, note amère originale apportée par la gentiane.

Abisinthe

LAGER 6 % VOL.
Blonde et très rafraîchissante, avec des arômes de menthe, de mélisse, ainsi qu'une amertume particulière issue de l'absinthe.

Rulles

Artisanale de Rulles, 36 rue Maurice-Grevisse, B6724 Rulles, **BELGIQUE**
www.larulles.be

Il est rare qu'une nouvelle brasserie (celle-ci fut fondée en 2000) rencontre un tel succès immédiat. Les bières élaborées par Grégory Verhelst présentent un caractère fascinant, à la hauteur de la qualité des étiquettes.

SECRET DE BRASSERIE Grégory Verhelst a reçu l'aide du maître brasseur d'Orval pour développer ses bières.

La Rulles Triple

PALE STRONG ALE BELGE 8,4 % VOL.
Ne manque pas de corps ; palais marqué par les plantes et par une amertume sèche, bien que la bière soit bien fermentée et forte.

La Rulles Estivale

BIÈRE DE SAISON 5,2 % VOL.
Bière d'été désaltérante, acidulée, riche en fleurs – l'une des meilleures de ce type.

R

Russian River

1812 Ferdinand Court, Santa Rosa, Californie 95404, **É.-U.**
www.russianriverbrewing.com

Le maître brasseur Vinnie Cilurzo brassa le premier une imperial india pale ale destinée à la commercialisation, il travaillait alors à la brasserie Blind Pig. Cette bière, qui porte aujourd'hui le nom de Pliny the Elder, est une référence. Cilurzo et son épouse Natalie ont bâti un site de production indépendant du pub-brasserie en centre-ville et ont ainsi assez d'espace pour élargir leur gamme de bières vieillies en fûts.

Beatification

SOUR ALE 6 % VOL.
Bière mélangée à fermentation spontanée. Complexe, mélange aigre de fruit et
de bois. Sur la finale, acidité convenable.

Pliny The Elder

IMPERIAL INDIA PALE ALE 8 % VOL.
Arôme, saveur et amertume houblonnés – le tout soutenu par une solide base de malt.

Saint Arnold

2522 Fairway Park Drive, Houston, Texas 77092, **É.-U.**
www.saintarnold.com

La plus ancienne et la plus grande brasserie du Texas fut fondée en 1994. Saint Arnold est sortie de son statut de microbrasserie en 2007, mais la distribution de ses bières est toujours limitée aux frontières de l'État. Saint Arnold, d'origine australienne, est l'un des saints patrons de la bière ; les ferments utilisés par la brasserie portent les noms d'autres saints.

Amber

ALE AMBRÉE 5,5 % VOL.
Caramel et caractère fruité, avec des houblons épicés et vifs apportant un équilibre. Excellente en cask.

Elissa IPA

INDIA PALE ALE 6,6 % VOL.
Houblonnée toute la dégustation, caractère de pamplemousse. Imposante et juteuse, malt riche s'associant à l'amertume franche.

Saint Germain

26 route d'Arras,
62160 Aix-Noulette, **FRANCE**
www.page24.fr

Deux jeunes brasseurs talentueux fondèrent cette brasserie en 2003, pour produire des bières de fermentation haute dans le style des bières de garde. L'une doit son nom à sainte Hildegarde, une abbesse allemande du XIe siècle, à qui l'on attribue souvent (à tort) l'introduction du houblon dans le processus d'élaboration de la bière.

Reserve Hildegarde Ambrée

ALE 6,9 % VOL.
Blonde, avec un nez riche en céréales, en épices et en miel. Très souple, avec une bonne amertume et une longue finale.

Page 24 Rhubarbe

ALE 5,9 % VOL.
Robe blonde, arômes floraux. Très désaltérante, avec une acidité particulière donnée par la rhubarbe.

Sainte-Hélène

21 rue de la Colinne,
B6760 Ethe-Belmont, **BELGIQUE**
www.sainte-helene.be

Cette brasserie parvint à fonctionner de façon satisfaisante en 2005 lors du renouvellement du matériel de brassage. Cette région au sud-ouest de la Belgique semble particulièrement adaptée à la brassiculture, si l'on en croit la quantité d'établissements qui y fleurissent. Sainte-Hélène aime promouvoir ses bières et est une habituée des fêtes de la bière en Belgique.

La Sainte Hélène Ambrée

STRONG ALE BELGE AMBRÉE 8,5 % VOL.
Proche d'une triple au niveau du caractère, mais avec davantage de notes de caramel et de tabac ; bien équilibrée.

La Djean Triple

STRONG ALE BELGE AMBRÉE 9 % VOL.
Nombreuses saveurs et impressions, des phénols aux fruits, et d'une texture sèche à crémeuse.

Samuel Adams

30 Germania Street, Boston,
Massachusetts 02130, **É.-U.**
www.samueladams.com

Depuis que la Boston Beer Company commercialise cette bière, le nom de Samuel Adams est synonyme de bières artisanales. La marque fut lancée en 1984. Depuis, Boston Beers a racheté certaines de ces brasseries et produit essentiellement ses propres bières. Chaque année, elle organise un concours de brassage entre ses employés, et la bière élaborée par le vainqueur est distribuée sur le marché.

Boston Lager

LAGER VIENNOISE 1,0 % VOL.
Nez complexe de fleurs et de pin. Corps plein, caramel en milieu de bouche, et finale sèche satisfaisante.

Utopias

STRONG ALE 27 % VOL.
La bière la plus forte du monde, vieillie en fûts de cognac et de porto. À servir comme un cognac de luxe.

Samuel Smith

High Street, Tadcaster, Yorkshire du Nord, LS24 9SB **ANGLETERRE**
www.tadcaster.uk.com

Des trois brasseries de Tadcaster, « Sam's » est la plus petite, mais affirme être la plus ancienne du Yorkshire. Une partie de l'eau de brassage est puisée dans le calcaire des puits de la brasserie.

SECRET DE BRASSERIE
La fermentation est réalisée dans le traditionnel « carré du Yorkshire » en ardoise, qui transmet ses caractéristiques à la bière.

Nut Brown Ale

BROWN ALE 5 % VOL.
Spécialité à la robe noisette, possédant une saveur marquée par la faîne, les amandes ainsi que les noix.

Old Brewery Bitter

BEST BITTER 4 % VOL.
Bitter maltée typique du nord, avec un trait de houblon et quelques fruits sur le palais.

Schlenkerla

Dominikaner Str. 6,
96049 Bamberg, **ALLEMAGNE**
www.schlenkerla.de

Cette brasserie légendaire est connue depuis 1405. Elle est aujourd'hui une entreprise relativement petite, dirigée par la même famille depuis six générations. La « bière fumée » est une spécialité de Bamberg.

SECRET DE BRASSERIE L'arôme typiquement fumé des bières de Schlenkerla vient du séchage du malt au feu de bois de hêtre.

Aecht Schlenkerla Rauchbier

MÄRZEN 5,1 % VOL.

Bière très brune et sèche. Arômes de malt torréfié et fumé, et une finale de houblons légers. Un pur plaisir.

Rauchbier Urbock

BOCK 6,5 % VOL.

Bock brune traditionnelle avec les arômes fumés et torréfiés typiques de Schlenkerla ; saveur sèche et maltée, et note sucrée sur la finale.

BAMBERG, ALLEMAGNE

Existe-t-il un meilleur endroit au monde pour déguster de la bière? Cette ville est située sur une île entre la rivière Regnitz et le canal Rhin-Main-Danube, dans le district de Haute-Franconie, en Bavière. Ses premières fondations datent du Moyen Âge. Elle compte 70000 habitants et 11 brasseries. La présence à Bamberg de nombreux membres de l'US Navy et de leurs familles a certainement contribué à étendre la renommée de ce paradis de la bière dans le monde entier.

1 KLOSTERBRAU

La bière y est brassée depuis 1533. Située en bas d'une rue pavée, cette brasserie semble sortie d'un conte de fée. Leur gamme de bières se compose de la schwarzbier, la braunbier, la weizen, la pils et la bock. ***Oberre Muhlbruck 3, Bamberg (www.klosterbraueu.de)***

2 L'ANCIEN HÔTEL DE VILLE

À Bamberg, la rivière n'est jamais très loin. En chemin vers la Brauerei Spezial's, franchissez le pont sur lequel l'ancien hôtel de ville semble juché en équilibre instable, et prenez un moment pour admirer cet édifice médiéval à colombages.

3 LA BRAUEREI SPEZIAL'S

Cette brasserie est un bar populaire typique. Leur Specizil Rauchbier présente une subtile saveur de caramel mou relevée par un soupçon de paille brûlée. Les brasseurs utilisent du malt fumé pour élaborer quatre de leurs autres bières. Les habitués viennent remplir leurs consignes de bière au bar pour la déguster à la maison. ***Obere Königstrasse 10, Bamberg (www.brauerei-spezial.de)***

4 BRAUEREI FÄSSLA

La brasserie se situe en face de la Brauerei Spezial's. La production a débuté en 1649. L'établissement est chaleureux et sa décoration rustique. L'étage abrite quelques chambres d'hôtel. Le logo de la brasserie – un nain faisant rouler un fût de bière – est reproduit sur les verres et le mobilier. Leur Lagerbier, mélange de saveur maltée et d'amertume douce et fraîche, est accessible à tous. ***Obere Königsstrasse 19–21, Bamberg (www.faessla.de)***

5 SCHLENKERLA

Schlenkerla est le bar-restaurant le plus réputé de Bamberg. Sa célèbre rauchbier aux notes sous-jacentes de whisky fumé et de fromage est à l'image de l'ambiance chaleureuse qui règne dans l'établissement. Les clients partagent souvent leur table, et dégustent aussi la bière en accompagnement des copieux plats bavarois tel que les oignons farcis aux boulettes de viande à la bière.
Dominikanerstrasse 6, Bamberg (www.smokebeer.com)

6 AMBRÄUSIANUM

L'Ambräusianum est situé en face du Schlenkerla. Ouvert en 2004, ce pub-brasserie aux cuves de brassage apparentes s'inscrit dans la lignée moderne des établissements brassicoles de Bamberg. Le week-end, le petit-déjeuner comprend trois saucisses de veau cuisinées selon une recette locale et un bretzel, le tout accompagné d'une bière de blé.
Dominikanerstrasse 10, Bamberg (www.ambraeusianum.de)

7 WEINSTUBE PIZZINI

De l'extérieur, le Weinstube Pizzini peut sembler peu avenant et son enseigne troubler les amateurs de bière – pourtant, ce n'est ni un bar à vin ni une pizzeria. Dans ce bar sombre et authentique règne une ambiance chaleureuse. Possibilité de goûter aux bières des brasseries Fässla et Spezial ainsi qu'à la dunkel de l'abbaye d'Andechs. ***Ober Sandstrasse 17, Bamberg***

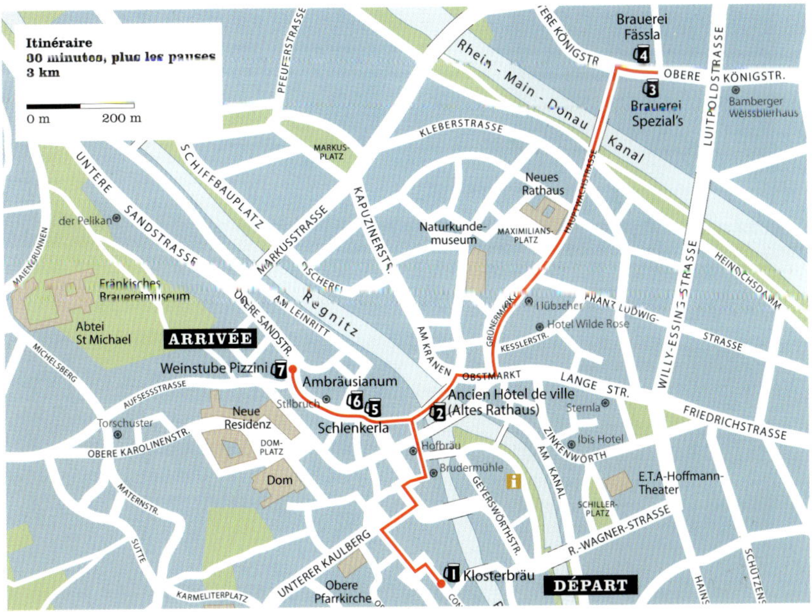

Schneider

Private Weissbierbrauerei Schneider,
Emil-Ott-Str. 1-5, 93309 Kelheim,
ALLEMAGNE
www.schneider-weisse.de

La brasserie Schneider est restée une entreprise familiale depuis sa création. Implantée à l'origine à Munich, elle fut relocalisée à Kelheim après la Seconde Guerre mondiale. L'ancienne brasserie, au centre du Munich, est aujourd'hui un restaurant dont la réputation s'est répandue dans le monde entier.

Schneider Weisse Original

BIÈRE DE FROMENT 5,4 % VOL.

Surnommée « ambre liquide », à juste titre : la robe acajou ambré est magnifique. Fraîche, de corps plein, et avec une légère amertume finale.

Aventinus

BIÈRE DE FROMENT FORTE 8,2 % VOL.

Bière presque noire, avec des arômes de chocolat et de fruits secs. De corps plein, très épaisse et fraîche.

Schwechater

Mautner Markhof-Strasse 11,
A-2320 Schwechat, **AUTRICHE**
www.schwechater.at

Cette grande brasserie affirme avoir brassé la première lager en 1840, en réalité, c'est la Vienna lager qui fut inventée ici par Anton Dreher. Au début du xxe siècle, la production de cette bière fut interrompue. Aujourd'hui, la brasserie fait partie de Heineken et produit des lager blondes.

Schwechater Zwickl

PILSNER NON FILTRÉE 5,5 % VOL.
Arômes houblonnés végétaux, soupçon de zeste de citron. Du froment est ajouté dans le mash bill. Finale seche et houblonnée.

Schwechater Bier

PALE LAGER 5 % VOL.
Robe blonde, arômes maltés. De corps plein, avec des houblons présents de l'attaque à la finale.

Sharp's

Wadebridge, Cornwall,
PL27 6NU **ANGLETERRE**
www.sharpsbrewery.co.uk

La situation de la brasserie, sur la côte de Cornouailles, influence certainement non seulement le mode de production de la bière, mais également les ambitions des brasseurs. La démarche écologique de l'entreprise, qui utilise de l'énergie durable et recycle son eau, se répercute sur son attitude dynamique, encourageante pour la production de cask ale.

Doom Bar

BITTER 4 % VOL.

Arômes de houblons résineux et épicés, malts sucrés et raffinés, fruits secs et amertume franche.

Atlantic IPA

INDIA PALE ALE 4,8 % VOL.

Quatre variétés de houblon sont ajoutées à différentes étapes du brassage pour créer des arômes de barbe à papa et de vives saveurs.

Shepherd Neame

Faversham, Kent,
ME13 7AX **ANGLETERRE**
www.shepherdneame.co.uk

Les moines du XIIe siècle découvrirent que l'eau pure de la source de Faversham pouvait être associée à de l'orge maltée locale pour produire une bière raffinée. Lorsque le maire fonda la brasserie en 1698, il ignorait qu'elle deviendrait un jour la plus ancienne du pays. Elle fut renommée Shepherd Neame en 1864. La société appartient toujours à la famille Neame.

SECRET DE BRASSERIE La brasserie utilise encore les mash tun en bois de teck russe installés en 1914.

Bishop's Finger

STRONG BITTER 5 % VOL.

Fruitée, avec de la banane et de la poire proéminentes, une saveur maltée riche en biscuit, et des notes de fruits secs.

Spitfire

PREMIUM BITTER 4,5 % VOL.

Caractère malté sous-jacent associé à un soupçon de caramel et aux houblons francs.

Shiga Kogen

1163 Hirao, Yamanouchi-machi,
Shimo Takai-gun Nagano 381-0401,
JAPON
www.tamamura-honten.co.jp

En septembre 2004, Tamamura Honten, brasseur de saké, se mit à produire de la bière, rompant avec une tradition vieille de deux siècles. Depuis, Shiga Kogen est devenue l'une des marques de bière artisanale japonaise les plus réputées. Des produits uniques et distincts et un design de qualité ont contribué à ce succès.

House DPA / Draft Pale Ale

PALE ALE 8 % VOL.

De style américain, avec une robe blond orangé éclatante, un arôme houblonné floral complexe et une douceur persistante.

Miyama Blonde

BIÈRE DE TYPE SAISON 7 % VOL.

Élaborée avec la variété de riz à saké Miyama Nishiki, ainsi que des houblons et de l'orge d'Europe.

Shiner

603 Brewery Street, Shiner,
Texas 77984, **É.-U.**
www.shiner.com

Fondée en 1909, la brasserie Spoetzl a conduit la Shiner Bock jusqu'au succès national. En 2004, l'entreprise commença le compte à rebours de son 100e anniversaire en lançant une nouvelle bière spéciale chaque année, chaque bière reflétant les origines germaniques qui remontent à la première Shiner Brewing Association.

Shiner Hefeweizen

HEFEWEIZEN 5,3 % VOL.

Trouble, brassée dans le style bavarois, avec un peu de miel. Le caractère est plus donné par le froment que par le blé, avec des soupçons d'agrumes.

Shiner Bock

DARK LAGER AMÉRICAINE 4,4 % VOL.

Une dark lager, plutôt qu'une véritable bock allemande. Soupçons de caramel sucré. Houblons faibles.

Shongweni/ Robson's

B1 Shongweni Valley, Shongweni, near Durban, KwaZulu-Natal,
AFRIQUE DU SUD
www.shongwenibrewery.com

Shongweni produit surtout des bières conditionnées en bouteilles et utilise les techniques d'infusion de malt et de fermentation en cuves ouvertes. Toutes les bières sont non pasteurisées et non filtrées. La brasserie familiale se distingue sur un marché local dominé par les lager produites en masse. Elle exporte ses bières au Royaume-Uni, entre autres.

Robson's Durban Pale Ale

INDIA PALE ALE 5,7 % VOL.

Brassée avec du malt clair et des houblons Cascade et Challenger. Vive, fruitée et bien équilibrée.

Robson's East Coast Ale

GOLDEN ALE 4 % VOL.

Bière blonde rafraîchissante et homogène, élaborée avec une seule variété de malt et les houblons Brewers Gold et Challenger.

Siebensternbräu

Siebensterngasse 19,
A-1070 Vienne, **AUTRICHE**
www.7stern.at

Ce pub-brasserie fut le premier en Autriche à brasser des bières spéciales – IPA, bières aromatisées au piment ou aux fruits. Sigi Flitter, le propriétaire, a ainsi contribué à la réintroduction de styles de bière autrichiens oubliés.

SECRET DE BRASSERIE La gamme varie à chaque saison : souvent une bière de froment l'été et une bière fumée l'hiver.

Rauchbock

BOCK FUMÉE 7,9 % VOL.
Nez fumé intense ; corps ample, presque sucré, avec des soupçons de chocolat et de réglisse, et une finale fumée.

Prager Dunkles

DARK LAGER 4,5 % VOL.
Bière très sèche. Notes grillées prononcées, et arôme houblonné très léger. Finale de torréfaction.

Sierra Nevada

1075 East 20th Street, Chico,
Californie 95928, **É.-U.**
www.sierranevada.com

Grâce à Sierra Nevada Brewing, les amateurs de bière ont pu découvrir les houblons Northwest, aux accents d'agrumes et de pin, dès 1981 avec le lancement de la Pale Ale. Sierra Nevada est également un leader en matière de pratique environnementale ; elle possède l'une des plus grandes installations solaires privées du pays, qui devrait lui permettre de produire la quasi totalité de ses besoins énergétiques.

Pale Ale

PALE ALE 5,6 % VOL.

Houblons Cascade, marqués par le pin et le pamplemousse, contrastent avec le fruité du malt.

Bigfoot

BARLEY WINE 9,6 % VOL.

Souple et terreuse, avec houblons citriques proéminents et malts riches évoquant le whisky. Très amère lorsqu'elle est jeune.

Silly/Mynsbrug Hen

2 Ville Basse, B7830 Silly,
BELGIQUE
www.silly-beer.com

Fondée au XIXe siècle, cette brasserie familiale oscille entre le maintien des traditions et l'application de techniques modernes orientées vers des niches de marché fluctuantes. Elle produit une bière de saison – en bouteille et, meilleure ainsi, en pression – et a aussi lancé une bière aromatisée au rhum et nommée d'après un groupe de rock régional.

Silly Saison

BIÈRE DE SAISON 5,2 % VOL.

Fruitée, évoquant le madère, de corps léger. Même jeune, elle se rapproche plus d'une oud bruin que d'une vraie bière de saison.

Scotch Silly

SCOTCH ALE 8 % VOL.

Les scotch ales sont une tradition wallonne. Celle-ci est brune, très maltée, et de corps plein et riche.

Simonds Farsons Cisk

The Brewery, Notabile Road,
Mriehel, BKR 01, **MALTE**
www.farsons.com

Partout où l'armée britannique passait, la bière suivait de près ; cette brasserie fut fondée dans le style art déco en 1946. Le site s'est développé, et les anciennes cuves de brassages trônent au cœur du centre touristique.

SECRET DE BRASSERIE La bière forte XS, titrant 9 % vol., est brassée pour le marché d'exportation.

Farsons Lacto

MILK STOUT 3,8 % VOL.

Douce sur la langue ; milk stout classique, contenant du lactose ajouté après la fermentation.

Hopleaf Extra

ALE 5 % VOL.

Le malt anglais associé aux houblons Challenger et Target produit une bière complexe à la finale amère et désaltérante.

Sinebrychoff

Oy Sinebrychoff Ab,
Sinebrychoffinaukio 1 PL 87,
FL-04201 Kerava, **FINLANDE**
www.koff.fi

Sinebrychoff fait partie du groupe Carlsberg, et sa gamme principale, Koff, est la plus populaire en Finlande. Il s'agit de la plus ancienne brasserie nordique, fondée par Nikolai Sinebrychoff, d'origine russe, en 1819.

SECRET DE BRASSERIE Karhupanimo, la nouvelle microbrasserie de la société, produit une gamme artisanale.

Sinebrychoff Porter

IMPERIAL STOUT 7,2 % VOL.
Robuste, débordant de saveur de café, cette bière présente une finale longue et réchauffante.

Karhu III

LAGER 4.6 % VOL.
Décrite par la brasserie comme « indomptée ». Corps plein, saveurs houblonnées et maltées plus fortes que dans les lager habituelles.

Ska

545 Turner Drive, Durango,
Colorado 81301, **É.-U.**
www.skabrewing.com

Bill Graham et Dave Thibodeau ont nommé leur brasserie d'après la musique jamaïquaine. « Il faut du caractère pour brasser des bières de caractère », telle est leur devise. Lorsqu'il fondèrent la brasserie Ska en 1995, ils travaillaient le jour et brassaient la nuit.

Ten Pin Porter

PORTER 5,4 % VOL.

Chocolat et caramel omniprésents, avec du café torréfié plus fort sur la saveur. Amertume progressive.

True Blonde

GOLDEN ALE 4,2 % VOL.

Brassée avec du miel provenant du nord de la ville. Malt biscuité léger, soupçons de miel et une touche de houblons citriques.

Sleeman

551 Clair Road West, Guelph,
Ontario, N1L 1E9, **CANADA**
www.sleeman.com

La famille Sleeman débuta son activité brassicole au Canada en 1834, l'année même où John Sleeman, jeune brasseur anglais, s'installa dans l'Ontario. En 1851, il fonda la première brasserie Sleeman basée à Guelph, pour produire de petites cuvées de 100 fûts en puisant l'eau de source locale, prisée pour sa pureté et sa dureté. Aujourd'hui, la société appartient à Sapporo.

Honey Brown Lager

LAGER 5 % VOL.

Lager souple rafraîchissante et corps plein, avec une subtile touche de miel produisant une finale légèrement sucrée.

Sleeman Cream Ale

ALE 5 % VOL.

Marie la qualité désaltérante d'une lager allemande à la saveur typique des ales britanniques.

Smuttynose

225 Heritage Avenue, Portsmouth, New Hampshire 03801, **É.-U.**
www.smuttynose.com

Si Smuttynose Brewing a bâti sa réputation sur des bières soigneusement équilibrées, elle fut également l'une des premières brasseries à produire des « bières extrêmes », avec la gamme Big Beer Series en 1998. Multipliant les succès, l'entreprise manqua d'espace dès 2007 ; un projet de relocalisation est en cours, non loin de Portsmouth.

Shoals Pale Ale

PALE ALE 5 % VOL.

Palais agréablement fruité et biscuité menant à une finale vive marquée par le houblon américain.

Robust Porter

PORTER 5,7 % VOL.

Fruits noirs riches et chocolat s'homogénéisent tout au long de la dégustation. Saveurs riches torréfiées laissant une forte impression.

Snake River

265 S. Millward Street, Jackson, Wyoming 83001, **É.-U.**
www.snakeriverbrewing.com

Situé dans le centre de Jackson, à quelques kilomètres de la station de ski Jackson Hole et avec une vue sur la montagne Snow King, le pub-brasserie Snake River est implanté dans un ancien entrepôt de parpaing. L'entreprise a remporté à deux reprises le titre de Small Brewery of the Year lors de l'American Beer Festival.

Zonker Stout

STOUT 5,8 % VOL.
Orge grillée supportée par du chocolat presque sucré. Finale agréablement sèche.

Lager

LAGER VIENNOISE 6 % VOL.
Blonde, avec une mousse épaisse et blanche. Accents de malt, saveurs de torréfaction et de caramel, finale houblonnée s'asséchant.

Southampton

40 Bowden Square, Southampton, New York 11968, **É.-U.**
www.publick.com

Phil Markowski, brasseur affairé de Southampton Public House, se rend souvent dans trois brasseries de l'État de New York ainsi qu'en Pennsylvanie pour produire la bière de marque Southampton. Outre la gamme éclectique qu'il a créée pour le restaurant-brasserie de Long Island, il brasse des bières spéciales conditionnées en bouteilles de 75 cl, et supervise la production de la Double White et de la Secret Ale. Depuis 2008, la gamme de bières Southampton est commercialisée par Pabst.

Saison

BIÈRE DE SAISON 6,5 % VOL.

Illustre l'ouvrage *Farmhouse Ales* – fruitée, poivrée, légèrement aigre, terreuse et désaltérante.

Secret Ale

ALTBIER 5,1 % VOL.

Arômes légèrement sucrés de caramel. Amertume associée au malt riche sur le palais, se prolongeant au-delà de la finale.

Starobrno

Hlinky 160/12, 661 47 Brno,
RÉPUBLIQUE TCHÈQUE
www.starobrno.cz

Le brassage dans les environs de Brno commença dans les monastères et les couvents. Depuis 1872, Starobrno appartenait aux familles Mandell et Huzak, et les niveaux de production élevés ainsi que la technologie de pointe lui ont valu la certification « Czech Made », gage de qualité très prisé. Aujourd'hui, la brasserie appartient à la société Heineken.

Starobrno Premium Lager

PREMIUM LAGER 4 % VOL.

Nez de foin, de melon et de malt, puis des traces de caramel s'intensifiant sur le palais.

Starobrno Rezák

BIÈRE BRUNE 4 % VOL.

Une lager très ambrée dans le style de Vienne, révélant une sensation en bouche marquée par le houblon un peu amer et du caramel agréable.

Staropramen

Nádražni 84, 150 54 Prague 5,
RÉPUBLIQUE TCHÈQUE
www.staropramen.com

Des promoteurs implantèrent la brasserie dans la future zone industrielle de Prague, où la demande en bière était assurée. Dès le départ, la bière de Staropramen – la plus grande brasserie pragoise – fut considérée comme une bière tchèque destinée aux Tchèques, ce qui engendra un certain succès. Aujourd'hui, la brasserie appartient au géant mondial InBev.

Staropramen Dark Beer

BIÈRE BRUNE 4,5 % VOL.

Son corps léger s'enroule autour de notes de caramel malté, de réglisse et d'anis jusqu'à la finale florale.

Staropramen Premium Lager

PREMIUM LAGER 5 % VOL.

Un mordant riche et floral dévoile une bière de corps plein, avec une finale convenable.

St Austell

St Austell, Cornwall,
PL25 4BY **ANGLETERRE**
www.staustellbrewery.co.uk

L'esprit entreprenant qui incita Walter Hicks à hypothéquer sa ferme pour 1 500 livres en 1851 afin de créer sa brasserie plane encore sur l'entreprise. Plusieurs de ses descendants sont désormais impliqués dans la société – possédant 168 pubs et une brasserie qui produit plus de 6,5 millions de litres de bière par an.

Tribute

BITTER 4,2 % VOL.
L'orge maltée Cornish Gold confère un arôme biscuité riche, modéré par des saveurs intenses de fruit.

St Austell IPA

INDIA PALE ALE 3,4 % VOL.
Riche en saveur, au caractère houblonné frais ; le palais rond se développe avec un voile de caramel.

St Christoffel

Metaalweg 10, 6045 JB Roermond, **PAYS-BAS**
www.christoffelbier.nl

Fondée en 1986 par Leo Brand, un membre de la dynastie brassicole Brand, St Christoffel est l'une des plus anciennes microbrasseries néerlandaises. Elle produit les meilleurs lager des Pays-Bas.

SECRET DE BRASSERIE La bière Robertus est un exemple rare d'une münchner dark lager brassée dans le pur style bavarois.

Christoffel Blond

PILS 6 % VOL.

Les saveurs de houblon épicées jaillissent du verre – basilic, menthe, gingembre, pamplemousse et clou de girofle sont tous présents.

Christoffel Robertus

MÜNCHNER 6 % VOL.

La saveur de noix du malt de Munich traverse cette bière marquée par le biscuit, le pain grillé et le caramel.

Stiegl

Kendlerstrasse 1,
A-5017 Salzbourg, **AUTRICHE**
www.stiegl.at

Plus grand brasseur indépendant autrichien, Stiegl produit la bière la plus réputée du pays, la Goldbräu. La brasserie date de 1492. Au fil du temps, elle a rassemblé une magnifique collection de pièces destinées au Brauwelt – le plus grand musée européen entièrement dédié au brassage.

Goldbräu

LAGER AUTRICHIENNE DE TYPE MÄRZEN
4,9 % VOL.
Amertume relativement faible et soupçon de douceur maltée sur l'arôme et le palais.

Paracelsus Zwickl

LAGER BIO 5 % VOL.
Non filtrée, robe voilée et orangée ; arômes de malt et de levure ; corps moyen et amertume très faible.

Brauhaus Sternen

Hohenzornstrasse 2, CH-8500
Frauenfeld, **SUISSE**
www.brauhaussternen.ch

Ce pub-brasserie est situé sur le site de l'Aktienbrauerei Frauenfeld, où Martin Wartmann élabora l'Ittinger (aujourd'hui brassée à Calanda). La brasserie actuelle fut bâtie en 2003 grâce aux subventions de brasseurs européens désireux de découvrir les breuvages fascinants de Martin, certains vendus en édition limitée : *Nur für Freunde*, « Seulement pour les amis ».

Wartmann's Nur Für Freunde No1

BIÈRE DOUBLE BELGE 9,6 % VOL.
Arôme chocolaté, légèrement sucré. Corps plein et fruité (prunes mûres) ; amertume modérée sur la finale.

Honey Brown Ale

BROWN ALE 6 % VOL.
Sucrée et fruitée, rafraîchissante par rapport à sa force. Faible amertume et soupçon de miel sur la finale.

Stiftsbrauerei Schlägl

Schlägl 1, A-4160 Schlägl,
AUTRICHE
www.stift-schlaegl.at

Le village de Schlägl abrite l'unique brasserie autrichienne appartenant exclusivement à un monastère – ici, l'ordre des prémontrés. Ces dernières années, la gamme s'est largement développée et comprend plusieurs types de bière de fermentation haute.

Stifter Bier

RED ALE 5,7 % VOL.
Douceur maltée et touches fruitées rafraîchissantes (pêche et melon). Soupçon de houblons.

Doppelbock

DOPPELBOCK 8,3 % VOL.
Nez imposant et malté. Saveur fruitée (poires et pommes) et sucrée dès l'attaque, et finale très bien équilibrée.

Stone

1999 Citracado Parkway, Escondido, Californie 92029, **É.-U.**
www.stonebrew.com

La campagne publicitaire « *Vous ne la valez pas* », choisie pour promouvoir l'Arrogant Bastard Ale, fut controversée. Mais selon Greg Koch, le président de l'entreprise : « Si vous souhaitez convertir les consommateurs aux grandes bières, faites-le avec des grandes bières. » Cette démarche a valu une augmentation de 30 % de la croissance annuelle, année après année, et la construction d'un site plus vaste en 2006.

IPA

INDIA PALE ALE **6,9** % VOL.
Arômes de houblon fruité associés à un caractère de malt franc en attaque, puis la complexité se développe, amère mais vive sur la finale.

Imperial Russian Stout

IMPERIAL STOUT **9,4** % VOL.
Intense, riche en chocolat, café, fruits noirs et torréfaction. Équilibrée par une amertume sous-jacente.

Sul Brasileira

BR 392, Km 05, Santa Maria –
RS, 97000, **BRÉSIL**
http://xingubeer.com

Le folklore local explique que la bière Xingu de Sul Brasileira est la descendante d'une bière élaborée autrefois par les premiers brasseurs amazoniens. Le Xingu (prononcez « chine-goo ») est un affluent de l'Amazone, autour duquel vivent les dernières cultures amazoniennes.

Xingu Black Beer

SCHWARZBIER 4,7 % VOL.
Robe brune, mais saveur légère et sucrée. La mousse s'estompe rapidement.

Švyturys-Utenos

Kuliu Vartu g. 7, Klaipeda,
LITUANIE
www.svyturys.lt/en

Fondée en 1784, Švyturys-Utenos est la plus ancienne brasserie lituanienne. La société est réputée pour ses bières et a remporté plusieurs prix internationaux. Elle est ouverte au public deux fois par semaine et organise des visites pour les groupes (*via* l'office de tourisme www.klaipedainfo.lt).

SECRET DE BRASSERIE Les employés donnent leur avis sur les nouvelles bières.

Švyturys Ekstra

DORTMUND LAGER 5,2 % VOL.
Blonde et claire, avec une mousse blanche ferme, un intense arôme de houblon et une amertume légère.

Švyturio

LAGER 5 % VOL.
Robe blond translucide, bon équilibre de malt riche et de houblon amer. Bière connue sous le nom de « Red », pour la couleur de son étiquette.

Teerenpeli

Hämeenkatu 19, Lahti, **FINLANDE**
www.teerenpeli.com

Teerenpeli gère des brasseries, des bars et des restaurants à Helsinki, à Lahti et à Tampere. Sa première brasserie fut fondée en 1995. En 2002, elle ouvrit une nouvelle brasserie et distillerie de whisky, installée dans le restaurant Taivaanranta à Lahti. Les bières Teerenpeli ont remporté des médailles au Helsinki Beer Festival.

Laiskajaakko

DARK LAGER 4,5 % VOL.
Dark lager maltée, de corps plein, brassée avec du malt Cristal 50, du malt noir et des houblons Hallertau.

Onnenpekka

PALE LAGER 4,7 % VOL.
Blonde et désaltérante. Élaborée avec de l'orge maltée Pilsner de la région de Lahti et de l'eau pure de la région de Salpausselkä.

Terrapin

255 Newton Bridge Road, Athens, Géorgie 30607, **É.-U.**
www.terrapinbeer.com

Spike Buckowski et John Cochran commencèrent à exporter leur bière depuis leur propre brasserie dès 2008. Cette bière remporta un succès immédiat, de même que la gamme Monster Beer Tour regroupant des bières fortes distribuées au moment où la Géorgie releva le titre d'alcool maximal autorisé à 6 % pour les bières.

Rye Pale Ale

PALE ALE 5,3 % VOL.

Le seigle se mêle au pamplemousse, ajoute de la texture à la fermentation de fruits, complète l'amertume finale.

Wake-n-Bake Coffee Oatmeal Imperial Stout

IMPERIAL STOUT 8,1 % VOL.

Tout est dans le nom, avec aussi des fruits noirs couverts de chocolat.

Theakston

Masham, Yorkshire du Nord,
HG4 4YD **ANGLETERRE**
www.theakstons.co.uk

Malgré les divers conflits au sujet de la propriété de l'établissement créé il y a 180 ans, la brasserie a su perpétuer la tradition et est actuellement prospère. De nouveau aux mains de la famille Theakston après un passage sous la direction de Scottish & Newcastle, la société est à la hauteur du nom donné à sa bière la plus célèbre – Peculier, mot du XIIe siècle signifiant « particulier ».

Old Peculier

STRONG BITTER 5,6 % VOL.

Robe épaisse et rouge rubis foncé, avec un arôme de fruit suave et une saveur maltée et de corps plein.

Black Bull Bitter

BITTER 3,9 % VOL.

Robe ambrée lumineuse, avec un palais sec et vif ondoyant parmi les saveurs de fruits acidulées.

Thiriez

22 rue de Wormhout,
59470 Esquelbecq, **FRANCE**
http://brasseriethiriez.ifrance.com

Daniel Thiriez se convertit au brassage artisanal en 1996, lorsqu'il créa sa brasserie dans un ancien corps de ferme flamand. Il élabore ses bières dans le respect des méthodes traditionnelles.

SECRET DE BRASSERIE Les bières non filtrées subissent une seconde fermentation en bouteilles, ce sont des bières sur lie.

Étoile Du Nord

BLOND ALE 5,5 % VOL.

Dès l'ouverture du bouchon, un parfum extraordinaire de houblons frais emplit le nez. L'amertume rafraîchissante de cette bière est en harmonie parfaite avec les arômes de malt fin.

Thornbridge

Bakewell, Derbyshire,
DE45 1NZ **ANGLETERRE**
www.thornbridgebrewery.co.uk

Cette brasserie qui se considère comme « jamais ordinaire » jouit d'un succès retentissant. La tradition y est certes importante, mais l'innovation, l'ambition, l'expérience et un engagement dans la création de nouvelles recettes intrigantes motivent cette entreprise depuis sa fondation en 2005, sur les sites de la maison d'hôte Thornbridge Hall.

Jaipur

INDIA PALE ALE 5,9 % VOL.
Complexe, appétissante, avec un accent sur le caractère houblonné acidulé ; la longueur puissante se développe en une finale amère.

Lord Marples

BITTER 4 % VOL.
Bitter accessible au palais, avec des soupçons de miel et de caramel, et un arrière-goût long et amer.

Three Boys Brewery

Unit 10, Garlands Rd,
Woolston, Christchurch,
NOUVELLE-ZÉLANDE
www.threeboysbrewery.co.nz

Ralph Bungard, microbiologiste de formation, utilise un large éventail de levures pour produire des versions typiquement néo-zélandaises de styles de bière classiques. Il est le plus âgé des « Boys », les deux autres étant ses fils.

SECRET DE BRASSERIE Les bières de saison comprennent une Oyster Stout en hiver et une Golden Ale en été.

Three Boys Wheat

WITBIER 5 % VOL.
Notes acidulées de coriandre et de citron, avec un soupçon de gingembre. Une bière énergique et désaltérante.

Three Boys Porter

ROBUST PORTER 5,2 % VOL.
Les notes de moka riches dominent un palais soyeux, les céréales et les houblons lourdement torréfiés rivalisent sur la finale sèche.

Three Floyds

9750 Indiana Parkway, Munster,
Indiana 46321, **É.-U.**
www.threefloyds.com

Lancée en 1996 avec la bière Alpha King, la brasserie Three Floyds est animée par l'esprit de Nick Floyd, maître brasseur : « J'aime l'odeur du houblon le matin. Ça sent la victoire. »

SECRET DE BRASSERIE L'édition annuelle de la Dark Lord Russian Imperial Stout se vend en un jour, les clients faisant des centaines de kilomètres pour l'acheter.

Alpha King

PALE ALE 6 % VOL.
S'ouvre sur des fruits acidulés. Structure maltée ferme, associée aux huiles du houblon. Amertume prolongée.

Gumballhead

BIÈRE DE FROMENT AMÉRICAINE 4,8 % VOL.
Agrumes et fruits du verger sur le nez, suivis de l'aigreur du froment et des houblons omniprésents.

Timmermans

Kerkstraat 11, B1701 Itterbeek,
BELGIQUE
www.anthonymartin.be/Public/

Jadis brasserie traditionnelle de lambic, Timmermans fut parmi les premières à ajouter des bières de fermentation haute dans ses mélanges. La brasserie est aussi tournée vers la production de toutes sortes de breuvages à base de lambic au sirop, conçus pour plaire à la jeune génération. Les produits de Timmermans, dont la gamme Tradition, sont disponibles en grandes surfaces.

Tradition Gueuze

GUEUZE 5 % VOL.

Autrefois nommée « Caveau », cette bière mêle tradition et commercialisme, ses saveurs sont plus marquées par l'ananas et les plantes que par les agrumes et les notes de cheval typiques.

Timothy Taylor

Keighley, Yorkshire de l'Ouest,
BD21 1AW **ANGLETERRE**
www.timothy-taylor.co.uk

La famille Taylor dirige cette entreprise depuis la fondation en 1858.

SECRET DE BRASSERIE De l'eau pure des Pennines, puisée à la source de la brasserie, accompagne l'orge Golden Promise (très utilisée dans l'élaboration du whisky). Tous deux forment le légendaire « goût Taylor ».

Landlord

PREMIUM BITTER 4,3 % VOL.

Arôme complexe de houblon, saveurs bien équilibrées d'épices et de fruit, teintées de malt biscuité.

Best Bitter

BEST BITTER 4 % VOL.

Une bonne dose de malt suivant des fruits acidulés, des arômes houblonnés la définissent comme une bitter du Yorkshire.

Titanic

Burslem, Staffordshire,
ST6 1JL **ANGLETERRE**
www.titanicbrewery.co.uk

À l'origine, la brasserie faisait seulement des démonstrations avec un matériel chauffé au bois de l'époque victorienne. Elle s'est développée au point de produire presque 10 millions de litres de bière par an. Le mode d'activité aux critères écologiques est privilégié. Le nom fut donné d'après le célèbre paquebot dont le capitaine, John Edward Smith, est né non loin de la brasserie.

Titanic Stout

STOUT 4,5 % VOL.

Riche torréfaction, arômes de fruits en conserve, le palais marqué par le malt accentue les niveaux de fruits et de réglisse.

Best Bitter

BEST BITTER 3,5 % VOL.

Couleur paille, avec une bouffée de soufre sur l'arôme et des saveurs de houblon persistantes.

Topvar

Krusovska cesta 2092,
Topolcany, **SLOVAQUIE**
www.topvar.sk

La brasserie gère deux sites de production en Slovaquie : l'un à Topolcany et l'autre à Velký Šariš. En 2000, elle a lancé une bière nommée Brigita, d'après le prénom de la ministre des Finances slovaque de l'époque, Brigita Schmögnerovà. Bière populaire, sa production fut interrompue en 2002. La société appartient désormais à SABMiller.

Topvar Svetlé

LAGER 5,2 % VOL.

Un éclat de tons jaunes, avec une fine mousse blanche. Nez appétissant et nombreuses saveurs d'agrumes.

Traquair

Innerleithen, Peeblesshire,
EH44 6PW **ÉCOSSE**
www.traquair.co.uk

Le matériel de brassage datant du XVIIIe siècle, oublié dans une maison où Bonnie Prince Charlie trouva un jour refuge, fut redécouvert en 1965. Il fut remis en fonctionnement pour élaborer des bières dans un style authentique.

SECRET DE BRASSERIE Ces bières sont fermentées sept jours en fûts de chêne, ce qui est insolite à notre époque.

Traquair House Ale

BARLEY WINE 7,2 % VOL.

Bière d'hiver foncée, marquée par le chêne, avec du malt mûr, du cake aux fruits et un mystère de sherry sucré.

Jacobite Ale

BARLEY WINE 8 % VOL.

Les notes d'herbes aromatiques, issues de la coriandre utilisée dans le brassage, réchauffent le chocolat doux-amer et les saveurs de porto.

La Trappe

Eindhovenseweg 3, Berkel-Enschot,
PAYS-BAS
www.latrappe.nl

Il existe sept brasseries trappistes authentiques au monde. Koningshoeven (plus connue sous le nom de La Trappe) est la seule en dehors de la Belgique. L'abbaye rencontra des difficultés pour recruter de nouveaux moines, ce fut l'une des raisons qui l'incita à vendre la brasserie à Bavaria. Le brassage est toujours réalisé sur place, sous la surveillance des moines.

La Trappe Witte Trappist

WITBIER 5,5 % VOL.

La saveur non épicée est compensée par l'utilisation adroite de houblons aromatiques, conférant de délicieuses notes d'agrumes et de poivre.

La Trappe Tripel

STRONG ALE 8 % VOL.

Saveur sucrée et fruitée, amertume de coriandre, orange et houblon. Bière magnifiquement équilibrée.

Tsingtao

Hong Kong Road, Central,
Qinqdao, **CHINE** 266071
www.tsingtaobeer.com

La brasserie Tsingtao fut fondée en 1903 par des Allemands installés à Qingdao. Aujourd'hui, elle appartient au géant américain Anheuser Busch InBev qui investit sur de nouvelles brasseries en Chine continentale. La société dirige 40 brasseries et entreprises de maltage réparties dans 18 provinces chinoises.

Tsingtao

LAGER 4,8 % VOL.

Saveur vive légèrement maltée et un goût sucré de noix. La robe est jaune brillante, l'arôme céréalier, avec un soupçon de douceur. Une carbonisation élevée rend la bière très pétillante.

U Medvídků

Na Perštýně 7, 100 01 Prague 1,
RÉPUBLIQUE TCHÈQUE
www.umedvidku.cz

Le restaurant et la brasserie datent de 1466, et la brasserie fut rénovée au cours de ces dernières années – l'hôtel fut également agrandi, mais a conservé ses chevrons gothiques d'origine et ses plafonds peints datant de la Renaissance. C'est l'une des plus grandes brasseries de Praguc, qui abrite également le premier cabaret de la ville.

Oldgott Barique Ležák

PILSNER 5,2 % VOL.
Arômes de terre et de melon se développant en une infusion de caramel et de malt torréfié.

X-Beer

BIÈRE SPÉCIALE 12,6 % VOL. (VARIABLE)
Vieillie pendant 28 semaines dans des cuves de chêne, elle dégage une saveur sucrée sophistiquée et une complexité plaisante.

Union

Pivovarniška ulica 2,
1000 Ljubljana, **SLOVÉNIE**
www.pivo-union.si

Cette brasserie fondée en 1864 par la famille Kozler est aujourd'hui l'une des plus modernes de Slovénie, grâce à son matériel de pointe. Un musée fascinant fait découvrir aux visiteurs le processus de brassage ; attention, les visites ne sont organisées que le premier mardi du mois, le matin.

Union Lager

LAGER 5 % VOL.

Appréciée des Slovènes. Blonde, sucrée, avec des touches de maïs.

Č RNI Baron / Black Baron

STOUT 5,2 % VOL.

Bière brune, comme un dessert. Riche en notes et en arômes de caramel, sa finale est réchauffante, mais pourrait toutefois être plus longue.

United Breweries

Bangalore, **INDE**
www.theubgroup.com

Cette société qui approvisionnait autrefois les troupes de l'Empire britannique jouit aujourd'hui d'une réputation internationale. On raconte que son logo – un pégase – portait jadis un fût de bière entre ses ailes comme présent aux dieux. La marque Kingfisher est le leader du marché brassicole croissant en Inde.

Kingfisher

LAGER 5 % VOL.

Brassée sous contrat dans de nombreux pays. Saveur vive et fraîche avec une note douce.

London Pilsner 5.0

LAGER 5 % VOL.

Robe jaune légère, arôme quelque peu houblonné, arrière-goût douceâtre et notes de gazon.

Upstream

514 South 11th Street, Omaha,
Nebraska 68102, **É.-U.**
www.upstreambrewing.com

Depuis son ouverture en 1996 comme élément d'une « chaîne sans liens » créée par Wynkoop Brewery, Upstream a acquis son indépendance, ouvert un deuxième pub, et brasse des variétés de bières inédites dans le Nebraska.

SECRET DE BRASSERIE La brasserie utilise des levures sauvages et pratique le vieillissement en fûts.

Batch 1000 Barley Wine

BARLEY WINE 10,2 % VOL.
Caramélisée et vineuse sur le nez et le palais, avec des esters de fruits vifs. Palais riche, presque velouté.

Grand Cru

STRONG ALE BELGE 9 % VOL.
Vieillie pendant un an en fûts de chêne ayant contenu du vin. Nez de terre et de bois, agrumes délicats et miel sur le palais, finale équilibrée.

Vancouver Island

2330 Government St, Victoria,
Colombie-Britannique, V8T 5G5,
CANADA
www.vanislandbrewery.com

L'absence de bières de production locale à Vancouver Island incita à la création de cette société en 1984. Le brassage y est considéré comme le mariage parfait de l'art et de la science, sans détour.

SECRET DE BRASSERIE Les houblons et la levure sont importés, mais seule la meilleure orge canadienne est utilisée.

Hermannator

EISBOCK 9,5 % VOL.

Brassée puis gelée, elle est une symphonie de couleurs châtaigne complexes et de saveurs épicées.

Hermann's Dark

LAGER BAVAROISE 5,5 % VOL.

Nez de malt torréfié avec des saveurs équivalentes sur le palais. Le caractère est progressivement marqué par les noix.

Victory

420 Acorn Lane, Downingtown, Pennsylvanie 19335, **É.-U.**
www.victorybeer.com

Ron Barchet et Bill Covaleski ont fondé la Victory Brewing en 1996, et ont voyagé dans certaines des plus grandes régions brassicoles du monde ; ils se sont notamment formés en Allemagne et ont travaillé dans des microbrasseries américaines. La gamme de leurs bières reflète l'étendue de leurs ambitions.

SECRET DE BRASSERIE La brasserie a conclu des contrats avec les producteurs de houblon allemands pour garantir la disponibilité des ingrédients utilisés pour élaborer les lager.

Prima Pils

PILSNER 5,3 % VOL.
Arômes frais et floraux, palais évoquant le biscuit, finale brute d'amertume. Robuste et délicate.

Golden Monkey

TRIPLE 9,5 % VOL.
Épicée avec des soupçons de banane suivis de poivre léger. Sucrée comme un bonbon sur le palais, et finale sèche.

Wadworth

Devises, Wiltshire,
SN10 1JW **ANGLETERRE**
www.wadworth.co.uk

Fondée par Henry Wadworth, la brasserie commença sa production en 1875 et fut agrandie 10 ans plus tard en une brasserie en briques rouges de style victorien. La cuve en cuivre ouverte est encore en fonctionnement et des fûts de bois sont utilisés pour les livraisons locales. Un tonnelier est employé à plein temps, et les chevaux de trait perpétuent la tradition.

Wadworth 6X

BEST BITTER 4,3 % VOL.
Nez de malt et de fruit, avec des caractéristiques houblonnées restreintes développant une intensité sur le palais.

JEB

STRONG BITTER 4,7 % VOL.
Souffle aromatique de fruits exotiques, bouche maltée riche avec une douceur de noix sur le palais.

Weitra Bräu

Sparkassaplatz 160,
A-3970 Weitra, **AUTRICHE**
www.bierwerkstatt.at

Weitra affirme posséder le plus ancien privilège de brassage d'Autriche, délivré en 1321. Au Moyen Âge, la plupart des bâtiments autour de la ville exerçaient leur droit de brassage, or il ne reste qu'un pub-brasserie et cette brasserie.

SECRET DE BRASSERIE Cette brasserie spécialisée dans les bières bio utilise des cuves de fermentation ouvertes.

Hadmar

LAGER VIENNOISE BIO 5,2 % VOL.
Nez et palais sucrés et maltés, soupçons de torréfaction, amertume ; variable d'une cuvée à l'autre.

Weitra Hell

LAGER 5 % VOL.
Robe paille, arôme d'esters et carbonisation très légère. Douce sur le palais, avec
une saveur houblonnée modérée.

Wells & Young's

Bedford, Bedfordshire,
MK40 4LU **ANGLETERRE**
www.charleswells.co.uk
www.youngs.co.uk

Cet acteur majeur de la brassiculture britannique fut créé en 2006 suite au partenariat entre le brasseur londonien Young's et Charles Wells, originaire de Bedford, tous deux experts du secteur. Le catalogue des bières en fûts et en bouteilles de Wells & Young's est l'un des plus développés, notamment après l'ajout de marques Courage – Best Bitter et Directors Bitter – en 2007, selon un contrat avec Scottish & Newcastle.

Wells Bombardier

PREMIUM BITTER 4,3 % VOL.
Des arômes puissants de houblon acidulé mêlés à du malt, et des fruits secs dans un mélange riche.

Young's Bitter

BITTER 3,7 % VOL.
Équilibrée, avec des notes de houblons acidulés et assez de malt pour la finale de fleurs et de pain.

Weltenburg

Klosterbaruerei Weltenburg,
Heitzerstr. 2, 93049 Ratisbonne,
ALLEMAGNE
www.weltenburger.de

L'abbaye bénédictine de Weltenbourg abrite la plus ancienne brasserie d'abbaye au monde, fondée en 1050. Le site, non loin des gorges du Danube, est spectaculaire. Le restaurant de l'abbaye est très réputé.

SECRET DE BRASSERIE La bière est élaborée avec un équipement moderne, mais subit une longue période de maturation.

Asam Bock

BOCK 6,9 % VOL.

Doppelbock à la robe acajou foncé. Agréable, saveur légèrement sucrée, et arômes maltés sur la finale.

Anno 1050

EXPORT 5,5 % VOL.

Cette bière en hommage à la date de fondation de l'abbaye dégage un mélange caractéristique d'arômes maltés équilibrés par les houblons.

Westmalle

Antwerpsesteenweg 496,
B2390 Malle, **BELGIQUE**
www.trappistwestmalle.be

Les moines initièrent la brassiculture sur ce site en 1836, et commencèrent à vendre leurs bières 20 ans après. Aujourd'hui, l'abbaye gère l'une des brasseries les plus modernes au monde. Westmalle définit clairement les bières d'abbaye avec sa Dubbel et sa Tripel. L'Extra pourrait devenir une classique mondiale, si les moines la vendaient.

Westmalle Dubbel

BIÈRE D'ABBAYE 7 % VOL.
Brune et vineuse, avec une douceur sucrée progressive ; étonnamment houblonnée. Un classique.

Westmalle Tripel

BIÈRE D'ABBAYE 9,5 % VOL.
À côté de cette triple champenoise sèche, les autres triples sont de simples blondes. Sucrée et fruitée, avec une finale houblonnée.

Westvleteren

Donkerstraat 12,
B8640 Vleteren, **BELGIQUE**
www.sintsixtus.be

L'abbaye de St Sixtus est une star solitaire de l'univers brassicole. Ses bières sont vendues seulement sur réservation téléphonique, comme pour souligner le fait que l'entreprise est gérée par des moines qui brassent de la bière dans le but de pouvoir continuer à prier, et non qui prient dans le but de vendre. Westvleteren restreint sa production.

SECRET DE BRASSERIE Il s'agit de la dernière brasserie trappiste à employer uniquement des moines résidents.

Westvleteren Blond

BIÈRE D'ABBAYE 5,8 % VOL.
Une bière blonde avec une ample saveur céréalière initiale, suivie de houblons stricts.

Westvleteren abt 12°

BIÈRE D'ABBAYE 10,2 % VOL.
Une trappiste brune très imposante : plus onctueuse que n'importe quelle autre bière, et avec un équilibre parfait entre les notes sucrées et amères.

Wickwar

Wickwar, Gloucestershire,
GL12 8NB **ANGLETERRE**
www.wickwarbrewing.co.uk

Une rénovation d'un coût de plus d'un million d'euros a élevé cette microbrasserie au rang de moteur régional ; la capacité de l'entreprise a été multipliée par quatre. Les bières sont vieillies dans des caves voûtées sur le site de l'ancienne brasserie Arnold Perret & Co. Le marché d'exportation génère un intérêt largement croissant.

Station Porter

PORTER 6,1 % VOL.
Riche et souple, avec du café torréfié, du chocolat et des fruits secs s'associant à des saveurs épicées complexes.

IKB

BEST BITTER 4,7 % VOL.
Vives saveurs de multiples malts, avec des notes riches de cerises et de prunes.

Widmer

929 North Russell, Portland, Oregon 97227, **É.-U.**
www.widmer.com

L'Hefeweizen américaine (trouble mais moins marquée par les houblons que par la levure), lancée il y a plus de 20 ans par les frères Widmer, continue d'observer une croissance à double chiffre. Widmer et Redhook ont fusionné pour former une seule société nommée Craft Breweries Alliance, mais Widmer a conservé la gestion de sa propre brasserie.

Hefeweizen

HEFEWEIZEN AMÉRICAINE 4,9 % VOL.
Les agrumes, dont le zeste de citron, sont associés à du froment net, évoquant le pain, mais néanmoins aigre. Finale de pamplemousse.

Snow Plow

MILK STOUT 5,5 % VOL.
Le café sur le nez devient plus crémeux sur le palais, où des notes torréfiées se marient au chocolat.

Williams

Alloa, Clackmannanshire,
FK10 1NT **ÉCOSSE**
www.heatherale.co.uk

Autrefois, Alloa était la seule autre brasserie de Burton-on-Trent ; elle continue de développer des styles de bières innovants. Les recettes et les méthodes traditionnelles sont habilement appliquées.

SECRET DE BRASSERIE La Fraoch Ale est élaborée avec de la bruyère en fleurs au lieu des houblons.

Fraoch Heather Ale

BITTER SPÉCIALE 4,1 % VOL.
Abondamment aromatique et florale, avec une saveur de menthe piquante et épicée, un caractère malté et une bouffée de tourbe.

Kelpie Seaweed Ale

BITTER SPÉCIALE 4,4 % VOL.
L'orge bio des fermes de la côte ainsi que le goémon ajouté au mash produisent des saveurs captivantes.

Wismar

Kleine Hohe Str. 15, 23966 Wismar,
ALLEMAGNE
www.brauhaus-wismar.de

Au début du XVe siècle, Wismar abritait environ 180 brasseries. La ville était réputée dans toute l'Europe. La Brauhaus Wismar ouvrit en 1452. Aujourd'hui, elle est l'unique brasserie de la ville, et depuis 1995, elle brasse de la bière dans le style des brasseries médiévales de la Ligue hanséatique, en Europe du Nord.

Wismarer Mumme

LAGER 4,8 % VOL.

Bière blonde ancienne, avec des arômes de malt, houblons légers sur la langue et longue finale sucrée.

Roter Eric

BIÈRE SPÉCIALE 4,8 % VOL.

Robe roux clair donnée par le malt. Bière homogène et aromatique, se concluant par une longue finale.

Woodforde's

Woodbastwick, Norwich, Norfolk,
NR13 6SW **ANGLETERRE**
www.woodfordes.co.uk

La brasserie en est à son troisième site de production et continue à accroître sa capacité et à élargir ses ambitions. Une réputation locale s'est développée, et les plus hautes distinctions nationales lui ont été décernées – même dans la catégorie des sous-bocks. La grande qualité de l'eau de brassage, bouillonnante à l'état naturel, est puisée dans un trou de forage local.

Wherry Best Bitter

BEST BITTER 3,8 % VOL.

Les arômes floraux et d'agrumes libèrent un milieu de bouche malté et une finale durable.

Norfolk Nog

BITTER 4,6 % VOL.

Robe rouge profond, avec un arrière-plan de malt torréfié se développant au travers de nuances de réglisse et de fruits secs.

Worthington's White Shield

Burton upon Trent, Staffordshire,
DE14 1YQ **ANGLETERRE**
www.worthingtonswhiteshield.com

La brasserie, fondée en 1920, fut convertie en musée en 1995 pour reprendre la production de bières Bass. L'opération, menée par le brasseur Steve Wellington, fut un succès.

SECRET DE BRASSERIE La White Shield est une bière culte pour les amateurs, car elle est embouteillée « vivante ».

White Shield

INDIA PALE ALE 5,6 % VOL.

Les amateurs apprécient son attaque houblonnée, son caractère fumé, sa pincée de paprika, et la dégustent sur de la banane frite, du fromage de Stilton, et des quartiers de pomme.

Worthington Red Shield

ALE 4,2 % VOL.

Houblons anglais et américains – Bramling Cross, Cascade et Centennial – associés à un malt blond, pour une bière complexe, généreuse et riche en flaveurs d'agrumes.

Yanjing

9 Shuanghe Road, Shunyi District,
Pékin, **CHINE**
www.yanjing.com.cn

Dernière grande brasserie indépendante de Chine, Yanjing suscite souvent l'intérêt des brasseurs internationaux. Au cours des 25 dernières années, elle est devenue l'une des entreprises les plus productives en Chine. Elle gère 20 autres brasseries en Chine continentale et sa production était estimée à 5 millions de kilolitres en 2010.

Yanjing Beer

LAGER 5 % VOL.

Nez doux de mélasse raffinée, avec des superpositions de biscuits et de maïs, et un éclat blond lumineux dans le verre. L'eau de la brasserie serait puisée dans une source minérale non polluée située sous la montagne Yanshan.

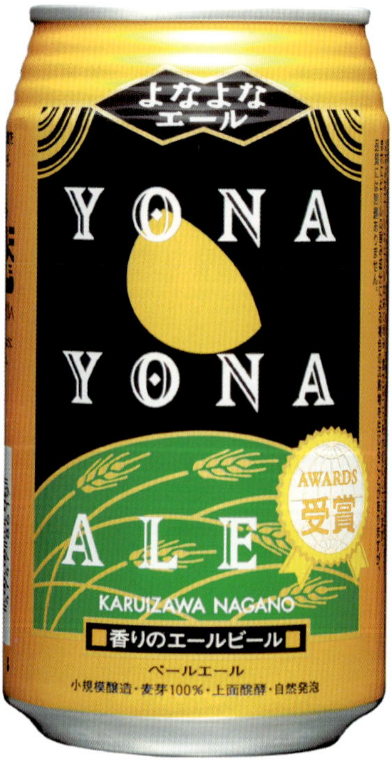

Yoho

1119-1 Otai, Saku City,
Nagano 385-0009, **JAPON**
www.yonasato.com

La Yona Yona Ale est certainement la bière artisanale préférée des Japonais. Elle est vendue dans tout le pays. La recette est certes antérieure au maître brasseur Toshi Ishii (ancien employé de la Stone Brewing à San Diego, États-Unis), mais ce dernier est le créateur d'une autre bière à succès, la Tokyo Black, un porter savoureux au goût et à l'équilibre remarquable.

Yona Yona Ale

PALE ALE 5,5 % VOL.

Dans le style d'une pale ale américaine. Bière vive et acidulée, les houblons Cascade confèrent une finale aiguisée.

Tokyo Black

PORTER 5 % VOL.

Bière savoureuse et torréfiée, avec une touche unique. Ishii en a brassé une cuvée en Angleterre il y a peu.

Yukon Brewing

102A Copper Rd, Whitehorse,
Yukon, Y1A 2Z6, **CANADA**
www.yukonbeer.com

L'eau pure produit de la bière pure. Les bières Yukon sont brassées avec l'eau la plus pure d'Amérique du Nord. Surnommée parfois Wilderness City, Whitehorse est nichée sur les rives du célèbre fleuve Yukon et est entourée de montagnes et de lacs. Yukon élabore huit bières, dont une est aromatisée aux grains de café.

Lead Dog Ale

ALE 7 % VOL.

Les saveurs maltées complexes prédominent. Proche d'un porter, elle présente une mousse crémeuse légèrement brunie.

Discovery Ale

PALE ALE 5 % VOL.

Brassée avec du miel d'épilobe à feuilles étroites, l'emblème de Yukon. Finale sèche sur la langue.

Zagrebacka

Ilica 224, Zagreb, **CROATIE**
www.inbev.com

Zagrebacka Pivovara, la plus grande brasserie croate, fut fondée en 1893 et appartient aujourd'hui à InBev. Après plusieurs années sombres, le marché reprend un nouvel essor, et les marques nationales sont les plus populaires du marché.

SECRET DE BRASSERIE L'orge double malt noir et chocolat confère ses arômes, ses saveurs et sa robe tant appréciés.

Ožujsko Pivo

LAGER 5,2 % VOL.

Lager blonde, avec une mousse blanc profond. Le nez de malt et de maïs doux mène à une finale fruitée.

Tomislav Pivo

DARK LAGER 7 % VOL.

La bière croate la plus forte. Robe roux-rubis profond, arômes de malt torréfié et de café, et finale sèche.

Žatec

Žižkovo námestí 81, 438 01 Žatec,
RÉPUBLIQUE TCHÈQUE
www.zateckypivovar.cz

Aucune bière tchèque n'y échappe : toutes sont brassées avec les houblons de cette ville, et, en 1585 déjà, Žatec était réputée pour « sa nature, sa force et ses qualités ».

SECRET DE BRASSERIE Un fort investissement a permis de moderniser l'entreprise de levure, de restaurer les cuves de fermentation et d'installer une chaîne de conditionnement en fûts à la pointe de la technologie.

Žatec Blue Label

PREMIUM LAGER 4,6 % VOL.
Des soupçons de houblons évoquant le gazon et le malt sucré, puis de la banane et du malt biscuité sur le palais.

Žatec Export

PILSNER 4,6 % VOL.
Arôme de pain et notes végétales, du malt sucré, du houblon épicé et une aigreur de pomme appropriée.

Zlatopramen

Drážďanská 80, 400 07 Ústí nad Labem, **RÉPUBLIQUE TCHÈQUE**
www.zlatopramen.cz

La modernisation de l'entreprise s'est accélérée ces dernières années, mais l'histoire de cette brasserie est aussi vieille que l'existence du privilège de brassage. L'exploitation de l'aigle de l'empereur autrichien François-Joseph II fut autorisée au début du xxe siècle, et la marque Zlatopramen fut déposée en 1967. La brasserie appartient aujourd'hui au groupe Drinks Union.

Zlatopramen 11°

PILSNER 4,7 % VOL.
Un arôme léger de houblon terreux s'épanouit en une saveur ronde de biscuit ; amertume puissante.

Zlatopramen 11° Dark

BIÈRE BRUNE 4,6 % VOL.
Florale et aromatique ; palais sucré, composé de mélanges audacieux d'orges maltées, s'avançant doucement vers le caramel.

Zywiec

ul. Browarna 88, 34-300 Zywiec,
POLOGNE
www.zywiec.com.pl

Fondée en 1852 par la famille Habsburg, la brasserie fut nationalisée après la Seconde Guerre mondiale, puis rachetée par Heineken au milieu des années 1990. Elle abrite un musée brassicole animé qui permet aux visiteurs de suivre le processus de brassage.

SECRET DE BRASSERIE La Porter de Zywiec est élaborée selon une recette datant de 1881.

Zywiec

LAGER 5,6 % VOL.
Robe blond brillant, saveur vive et accessible, arômes floraux et houblonnés.

Porter

PORTER BALTE 9,5 % VOL.
Bière foncée et forte, brassée avec entre autres des malts de Munich. Les houblons aromatiques confèrent un arôme riche.

Index

Il s'agit ici de l'index des bières, les brasseries apparaissant dans l'ouvrage par ordre alphabétique.

A

B

C

D

E

F

G

H

I

J

K

L

M

N

O

P

Q

R

S

T

U

V

W

X

Y

Z

Remerciements et crédits

Tim Hampson, rédacteur en chef de cet ouvrage, avoue pratiquer l'un des meilleurs métiers du monde – il gagne sa vie à boire de la bière. Présentateur et rédacteur spécialisé dans la bière, il parcourt le monde en quête du breuvage parfait. Président du British Guild of Beer Writers, il cherche à prouver au plus grand nombre que la bière est une boisson bien plus complexe que le vin, ce qui n'est pas une tâche aisée. Ses travaux sont publiés dans *The Telegraph*, le magazine *Food & Travel*, *What's Brewing*, *Drinks International*, *Beers of the World*, *American Brewer*, *Brewers Guardian* et *Morning Advertiser*. Il fait également des apparitions sur BBC Good Food Live et Sky TV. Il est l'auteur de *Room at the Inn*.

Contributeurs

Tim Hampson • Stan Hieronymus • Werner Obalski • Joris Pattyn • Alastair Gilmour • Lorenzo Dabove • Gilbert Delos • Conrad Sidl • Ron Pattinson • Bryan Harrell • Willie Simpson • Geoff Griggs • Laura Stadler-Jensen • Adrian Tierney-Jones

Les éditeurs souhaitent remercier les personnes et organismes suivants pour l'aide qu'ils ont apportée à l'élaboration de cet ouvrage : Beers of Europe, Finn de Utobeer, Jeff de Cracked Kettle, Lithuanian Beer, Belgian Beer Shop, The Grove Tavern, Karen Heptonstall, Malini McCauley, Jennifer Crake de Tourmaline Editions, Florian Bucher, Dorothee Whittaker, Tina Gehrrig, Monika Schlitzer, Ina Melzer de DK Verlag, Dirk Kaufman de DK Inc, Rebecca Carman, Shawn Christopher, Katerina Cerna, Wojciech Kozlowski, Agnes Ordog, Jürgen Scheunemann, Yumi Shigematsu, Diggory Williams, Nora Zimerman.

Crédits photographiques

Les éditeurs souhaitent remercier toutes les brasseries qui les ont aidés en envoyant des bouteilles ou des étiquettes utilisées pour illustrer ce livre et rédiger les textes.

Merci également à toutes les agences et sociétés photographiques pour leur aimable autorisation de reproduire les illustrations contenues dans cet ouvrage : Pelican (page 86, en bas, à gauche) ; Rogue Brewery (page 86, au centre, à gauche).

Autres photographies en studio et sur site par : Thameside Media, Quentin Bacon, Jane Ewart, Joe Giacomet, Tim Hampson, Catherine Harries, Alex Havret, Michael Jackson © DK/Michael Jackson, Roger Mapp © Rough Guides, Ian O'Leary © DK, Michael Schönwälder, Mark Thomas © Rough Guides

Cartes : Casper Morris, Paul Eames, David Roberts, Iorwerth Walkins

Illustration de couverture : AdobeStock © Vlad Klok.